SANXIAN

XIAOJIAYI XIETONG XINYU

GONGZUO LUJING

三向赋能：『校家医』协同心育工作路径

丁一杰 ◎ 著

兰州大学出版社
LANZHOU UNIVERSITY PRESS

图书在版编目（CIP）数据

三向赋能："校家医"协同心育工作路径 / 丁一杰著. -- 兰州 ：兰州大学出版社，2024. 11. -- ISBN 978-7-311-06750-2

Ⅰ．G444

中国国家版本馆CIP数据核字第2024JL7920号

责任编辑　戴　尧
封面设计　倪德龙

书　　名　三向赋能："校家医"协同心育工作路径
作　　者　丁一杰　著
出版发行　兰州大学出版社　（地址:兰州市天水南路222号　730000）
电　　话　0931-8912613(总编办公室)　0931-8617156(营销中心)
网　　址　http://press.lzu.edu.cn
电子信箱　press@lzu.edu.cn
印　　刷　西安日报社印务中心
开　　本　710 mm×1020 mm　1/16
成品尺寸　170 mm×240 mm
印　　张　14
字　　数　215千
版　　次　2024年11月第1版
印　　次　2024年11月第1次印刷
书　　号　ISBN 978-7-311-06750-2
定　　价　39.00元

（图书若有破损、缺页、掉页,可随时与本社联系）

序　言

　　作为一名从医 30 余年的精神科医生，每日与患者相伴，我深知当前学生心理问题的严峻性。从门诊接诊的比例来看，儿童青少年群体几乎占到一半，并呈现出低龄化、严重化的趋势。一杰作为一名专职心理教师，她敏锐地觉察到，如果要改善学校心理健康服务质量，那么开拓有效的"校家医"协同机制势在必行。她于 2023 年 12 月起在我院进修，跟随我系统学习诊断评估技术和心理咨询技能。三个月的进修时间虽然不长，但我能看出一杰对心理工作的热爱和孜孜不倦的追求。当我第一次看到她的书稿时，书中呈现了大量的相关理念和案例的研究，让我深深地感受到一杰这十几年在心理健康教育这条路上所付出的努力和艰辛。

　　在我看来，一杰建构和践行的"校家医三位一体"学校心理健康服务模式能拓展学生心理问题预防与辅导、咨询与治疗的方法，融通医生教师资源队伍，提升学校心理健康服务水平，提高心理知识科普、家庭教育指导、评估转介等心理健康服务工作的专业度及系统性，提升学校、家庭和医院三方协同育人共识，完善系统式家校联盟体系，将家庭教育指导落到实处。"校家医三位一体"学校心理健康服务模式打造了学校多途径心理健康促进活动路径，活化了心理健康服务外延，填补了一线"校家医"协同践行的空白，实现学校、家庭与医院的三向赋能，切实保障广大学生生命安全与身体健康，同时为一线心理健康教育工作者开展"校家医"协同教育工作提供具体可操作的路径及实操性经验，对区域学校心理健康服务工作具有重要指导意义。

期待一杰有更多的作品呈现。

广东省人民医院　谢永标

2024年3月

前 言

> 要播撒阳光到别人心里，先得自己心里有阳光。
>
> ——罗曼·罗兰

"人活着的意义是什么？"这个问题近在眼前而又遥不可及，让儿时的我思有困扰、心有好奇。带着这份原始的好奇，面对铺陈开来的人生，我开始管窥人的内心世界，渐渐地走上了心理探索之路。

念念不忘，必有回响。少年启智，我犹喜看蔡志忠的漫画《庄子说》，从庄子哲学中获得了对心灵的关注和培养，种下了一颗追求心灵自由与超越的种子。青年求学，我经过大学四年的专业学习，从卷帙浩繁的心理学海中找到了驶向彼岸的一叶扁舟，成长为有能力帮助他人的一线心理教师。初出茅庐，我还记得第一次站上讲堂的那份局促，第一次接到个案的那份忐忑，那是一名新手心理教师的惶恐和无措。欣慰的是，我从未忘记初心，不曾停止探索，在一次次课堂的实践中，在一次次个案的反思中，逐渐找到了进阶心育之门的钥匙；幸运的是，在探索精进的道路上，我得遇多位良师，得到指导帮助，逐渐找到了做好心育工作的方式方法。

心育工作的每个阶段都不可能一帆风顺，从业十六年来，我也遇到了各种困难和挑战，有过受挫和失意，感到过迷茫和焦虑，但经过实践的磨砺，我越来越明晰"人活着的意义是什么"这个问题的答案。那就是看清生活的真相后，依然热爱生活。我专注和热爱心理健康教育工作，用心帮助学生觉察内心的声音和需要，带领他们感受、体验这个世界，陪伴他们发展一种整合、驾驭冲突的能力，激发他们的生命力，最终成为解决自己问题的专家。那些年轻的生命所展现出的阳光与张力，或许是对一线心理教师最好的回馈。

他山之石，可以攻玉。心育工作如果只停留在技术层面，没有哲学的思考，很难实现突破。这些年，我在总结一线教学经验、反思个案特点的基础上，综合运用东西方各心理流派之所长，探索形成了用整合的视角、多元的方法，创造性开展学校心理健康教育工作，构建"校家医三位一体"学校心理健康服务模式，推进区域"校家医"联动机制建立，筑牢学校"三位一体"心育护航梯队，有效提升了学校心理健康服务质量。如今，我把这些成果凝练成这本《三向赋能："校家医"协同心育工作路径》，奉献给你。

衷心希望这本小书能为你在"校家医"协同心育工作上提供帮助，帮助你更加理解学生和家长的内心，成为更有胜任力的心理教师。在阅读本书的过程中，我鼓励你积极思考和尝试。请记住，每个人都是独特的，没有一种方法适用于所有人，望你能根据实际灵活运用书中的理论和实践经验。愿本书能让你学有所用、思有所获，培育出心育的明艳花朵。

最后，感谢你选择这本书，我期待着与你在未来的心育路上相遇。

在此还要感谢谢永标主任、耿志强先生、刘应成老师、马英老师、庄续玲老师、曲天立老师、吴海老师、苏小兰老师、雷鸿昌社长及兰州大学出版社的支持与帮助！

丁一杰

2024 年 4 月于广州

❙ 目　录

上篇

"校家医三位一体"学校心理健康服务模式的建构

▋第一章　中小学生心理健康现状概述

随着经济社会快速发展，学生成长环境不断变化，中小学生心理健康问题凸显。全国中小学生的心理健康状况在近三年内有所波动。《2022年中国中学生心理健康状况调查报告》显示，2022年青少年抑郁风险检出率相比2020年略有下降，但西部和农村地区的青少年心理健康风险仍然较高。

俞国良教授在学生心理健康问题上进行了深入研究，尤其对学生心理健康问题的检出率进行了系统研究。根据俞教授的研究报告，我国学生心理健康问题总检出率为18.9%，其中，内化问题（包括抑郁、焦虑、睡眠、自杀意念）的总检出率为20%，外化问题（包括攻击、自伤、自杀未遂）的总检出率为11.7%，并随经济社会发展呈现低龄化、严重化的趋势。目前，我国小学生的心理问题检出率较高，尤其是睡眠障碍、抑郁、焦虑这些问题的普遍存在会对学生的身心健康产生不良影响，需要引起学校和家长的高度关注。同时，俞教授还对中学生的心理健康问题进行了研究，发现这个年龄段的学生也存在抑郁、焦虑等心理问题。这再次印证了心理健康问题是影响我国学生群体的重要问题之一，需要我们共同努力去面对和解决。

目前，学校主要通过开展各种形式的心理健康教育活动，帮助学生了解自我、认识自我、调节情绪、提高自我意识和自我管理能力，从而促进学生身心健康发展。近三年来，无论是城市学校还是农村学校，学生心理危机事件发生率增高，学校的心育工作存在不少困境，如学生心理健康问题日益突出，家长、学生精神卫生知识相对匮乏，家长对孩子的心理健康教育意识比较淡薄，学校心理健康教育工作不完善，校园心理辅导规范性、实战性不强，社会心理诊疗公共资源不足等问题，学校心理健康服务工作形势严峻。

教育部等十七部门于2023年印发了《全面加强和改进新时代学生心理健康工作专项行动计划（2023—2025年）》（以下简称《计划》），进一步强调了心理健康工作的重要性，并提出了相应的行动计划。《计划》强调，一是加强组织领导，将学生心理健康工作纳入对省级人民政府履行教育职责的评价，纳入学校改革发展整体规划，纳入人才培养体系和督导评估指标体系，作为各级各类学校办学水平评估和领导班子年度考核重要内容。二是落实经费投入，加大统筹力度，优化支出结构，切实加强学生心理健康工作经费保障。三是培育推广经验，支持有条件的地区和学校创新学生心理健康工作模式，发挥引领和带动作用，加强物防、技防建设，及早发现学生严重心理健康问题，畅通预防转介干预就医通道，及时转介、诊断、治疗，健全精神或心理健康问题学生复学机制。

这些举措表明，我国对学生心理健康问题的重视程度不断提升，同时也反映出该领域仍存在一些挑战和需要改进的地方。因此，学校在教育过程中，除了要注重学生的学业成绩外，还应重视学生的心理健康，及时发现和解决学生的心理问题。本着早发现、早诊断、早治疗、早康复的原则，构建学校新型心理健康服务模式势在必行。

第一节　中小学生情绪问题现状概述

近几年，学生心理问题频发。中国科学院心理研究所、社会科学文献出版社联合发布了2022版"心理健康蓝皮书"《中国国民心理健康报告（2021—2022）》，书中的《2022年青少年心理健康状况调查报告》指出，青少年抑郁风险比例大约为14.8%，其中，4.0%的青少年属于重度抑郁风险群体，10.8%的青少年属于轻度抑郁风险群体。

中小学生的情绪问题现状是多样化的。中小学生正处于生理、心理发育的关键时期，随着青春期的到来，他们的身体会发生一系列变化，如生长发育、荷尔蒙分泌等，这些变化可能会对情绪产生一定的影响，情绪波动可能比较频繁或剧烈，表现为时而高兴、时而低落，或是突然的情绪变化等。中小学生的学业压力和社交压力可能导致焦虑和抑郁情绪出现，表现为对未来的担忧、对学业成绩的紧张、对朋友关系的处理感到无力等。中小学生还处于自我认知和自我探索的关键时期，可能存在自我认知不足的情况，表现为对自我评价过高或过低，或是缺乏自信。在这个阶段，中小学生的内心世界与外在世界很容易产生冲突，主要表现在理想与现实的差距上。当学生遇到一个问题，会激发他产生某种想法，在想法的作用下产生对应的情绪，进而引发他的行为对策，"想法、情绪、行为"这三者是相互影响的过程。多数情况下，学生由于没有明确的目标和价值，在消极想法、消极情绪、无效行为的作用下，会逐渐陷入问题中，无助弱小感会增加学生的抑郁风险。需要注意的是，以上只是中学生情绪问题的一些表现形式，每个学生的具体情况可能会有所不同。

其实，无论是愤怒、悲伤还是焦虑，这些不愉快的情绪都是生活中很正常的一部分。对于心理老师来说，比较难处理的一类情绪问题的学生是这样的：他们处于情绪高唤起状态，非常容易被激惹，老师、同学的一句话、一个眼神就可能让他原地爆炸，人际交往功能也相应地受到影响。这种容易情绪波动，又很难调节自己的情绪回到"正常线"的情况，就是情绪失调。情绪失调通常涉及对情绪触发的极度敏感，处于高唤起状态，并在合理时间内恢复到正常情绪状态的能力降低，伴随各种情绪表现和行为失控反应，如拖延、哭闹、药物滥用、自伤、自杀等，严重影响来访学生的正常人际交往和学习功能。情绪失调的人经常试图通过有害行为来减少情绪困扰，在学生群体中常见的有害行为如自残、自伤、打人、毁物、暴饮暴食、自杀意念或自杀行为等。在学校心理危机干预过程中，转介返学后处于抑郁发作期的学生，可能出现情绪激烈、认知失调、内心紊乱，甚至可能做出冲动不理智的自伤、自杀行为。

因此，针对学生的情绪问题，需要家长、老师多方面的关注和帮助，以提供更加有效的解决方案。在强烈的情绪失调状况下，情绪稳定化技术是最先要做的，也是最重要的一步，即避免过度反应和冲动行为。有效的情绪调节可以帮助中小学生更好地处理各种情绪，避免情绪波动对心理健康造成负面影响。在面临学业压力、人际关系和身体变化等挑战时，情绪调适能够帮助他们更好地应对，避免焦虑、抑郁等负面情绪的产生。

第二节　中小学生人际关系问题现状概述

随着年龄的增长，中小学生的人际圈子逐渐从家庭扩展到学校和社会。他们开始结交更多的朋友，参加各种社交活动，如课外兴趣班、社团、志愿者活动等。

新时代背景下，他们的交往方式不再局限于面对面的交流，而是通过网络进行远程交流，这使他们的交往范围更加广泛，但同时也可能导致现实生活中的人际关系变得疏离。中小学生在人际交往中往往有一定的目的性，例如，为了学习、兴趣爱好、情感需求等，这使他们在交往过程中不仅仅是形式上的互动，还更加注重实际效果。

研究表明，中小学生中存在人际关系问题导致心理问题的比例较高，达到了36.7%。他们在处理人际关系时，往往缺乏足够的沟通技巧和应对策略，导致人际关系紧张。在学校心理辅导工作中，人际交往问题是青少年最感困惑的问题之一，很多学生来访者自述在学校不被同学欢迎、受同学排挤、交不到朋友、朋友关系容易破裂等。中小学生人际交往的现状呈现出多样化、复杂化的特点。人际关系的好坏往往影响青少年的学习、生活等各个方面。如果只是在表层处理青少年人际关系的问题，给来访学生提供支持性的帮助，如倾听、共情人际困扰，从认知、情绪层面进行调节或者传授人际交往技能，辅导效果甚微且不持久。客体关系理论将人目前的行为模式与早年和养育者之间的关系无意识地重复联系起来，形成当前关系模式的模板，模板会无意识地影响人们认识自我和与他人相处的方式。在学校心理辅导经历中不难发现，青少年人际关系问题的背后都有着深层的动力根源，这个根源大部分都与早年原生家庭养育者的关系有关，当养育者满足孩子的需要，就会发展出积极的关系模板，反之发展出消极的关系模板。在与有人际困扰的来访青少年工作中，打开深层动力的辅导视角，用与他人的关系思路引导咨询，帮助他们理解自己有问题的模板，构建新的、健康的模板，达到重塑客体关系、迭代关系模板的目的。

中小学生人际交往能力提升对学生的个人成长和发展具有重要意义。学校、家庭和社会应共同努力，关注中小学生的人际交往能力培养，为他们的成长和发展创造良好的条件。

第三节　中小学生学习心理问题现状概述

随着经济社会的快速发展，我国青少年群体在学习、适应环境和人际关系等方面的压力增大，心理健康问题的发生率和心理障碍患病率呈逐渐上升趋势，尤其在学习心理方面出现了很多问题。学习问题导致学生心理问题的比例较高，达到了58%。具体比例可能因地区、学校和个体差异而有所不同。

学习压力是影响中小学生心理健康的主要因素之一，许多学生因学习压力大而出现心理问题，有些中小学生会出现学习焦虑的情况，表现为对学习感到紧张、不安、恐惧等情绪反应。在日常学校心理辅导中常见到这样一类来访者，他们成绩优异，是他人眼中"别人家的孩子"；他们自尊心"强"（低自尊），不能忍受其他人超越自己，对自己要求很高；他们每天刻苦学习，丝毫没有松懈，但学习反而越来越没有动力；他们对自己非常苛刻，一点失误就自怨自艾，甚至可能用自我伤害的方式惩罚自己。这样的学生着实令人心生爱怜，明明已经这么优秀了，他们怎么就不能"放过"自己呢？有些中小学生学习缺乏动力和兴趣，对学习感到厌倦和无趣，缺乏积极性和主动性，因为学习成绩不理想或其他原因而缺乏自信心，对学习感到困难和无助，会因为自我认知不足而出现自我评价过低或过高的情况，这也会对他们的学习产生影响。另外，人际关系的处理对他们来说是一个重要的挑战，有些中学生会因为与同学、老师或家长之间的人际关系问题而影响到学习。

对于学习心理方面的问题，首先要认识到学习是一个长期的过程，需要耐心和毅力，不要过分追求短期的成绩，而应该注重知识的积累和能力的提升。通过调整自己的心理状态，使自己在学习过程中保持积极、稳定的心态，从而提高学习效果。根据自己的实际情况，设定切实可行的学习目标。这个目标要具体、明确，有挑战性，但同时也要确保自己能够实现。其次，在学习过程中要学会自我激励，鼓励自己克服困难，取得进步。最后，适当的休息和放松对保持良好的学习状态非常重要，可以通过运动、听音乐、看电影等方式来缓解学习压力。遇到学习上的挫折和困难时，要学会调整心态，保持乐观。可以尝试换个角度看问题，或者与同学、老师交流，寻求解决方法。

每个学生在学习方面存在困难的具体情况可能会有所不同。因此，针对学生的学习心理问题，需要家长、老师等多方面的关注和帮助，以提供更加有效的解决方案。

第四节　中小学生人格成长现状概述

人格的发展和完善在个人和社会的发展中具有非常重要的意义。人格完善的人具有更高的人格魅力和吸引力，能够更好地适应社会生活，更容易获得他人的认同和尊重，更容易形成积极向上的心态，更容易实现个人价值和发展。

根据不同的研究资料，学生中存在人格障碍倾向的比例有所差异。有资料表明，在小学阶段，有人格障碍倾向的学生约占13%，初中阶段约占15%，高中阶段比例达到19%，而在大学阶段，这个比例增长到20%以上。中小学生还未成年，人格发展未完善，没有很强的自我控制能力、自我认知和人际交往能力，他们往往过于关注自己的需求和感受，忽视他人的感受和需求；他们可能会在团队合作中表现出自私自利的行为，不愿意为团队的利益做出牺牲；他们可能会对自己的行为不负责任，不愿意承担错误的后果；他们可能会把自己的失败归咎于他人，而不是自己的不足；他们可能会对学习、生活等需要耐心的事情表现出不耐烦的态度；他们可能无法尊重他人，包括老师、同学、家长等；他们可能会对他人的意见和感受漠不关心，甚至表现出侮辱、欺凌的行为等。中小学生因为人格的不成熟，不能更好地应对生活中的挑战和困难，所以需要不断提升自己的能力、素质和人格发展水平。

中小学生人格的发展和完善主要通过心理教育、培养和自我调适，使中小学生在道德品质、心理素质、人际交往等方面全面发展，改善自卑、焦虑、自私、嫉妒、偏激、任性、说谎、攻击性行为、迷茫和意志不坚强等人格发展缺陷。对于这些学生，提供及时的干预和治疗，能够帮助他们更好地调节自己的情绪和行为，更好地应对生活中的压力和挑战，形成健全的人格，有效预防心理问题的发生。

第五节　中小学家校合作现状概述

家校合作是指教育者与家长（和社区）共同承担孩子成长的责任，家庭与学校以沟通为主，相互配合，合力育人的教育方式。作为现代学校制度的重要组成部分，家校合作扮演着至关重要的角色。家校合作有助于形成教育合力，实现优势互补，共同推动学生的全面发展，有利于促进家庭和学校的教育目标达成一致。

近几年，我国学校家校合作的开展比例有明显上升趋势。根据一些研究报告得出，学校开展家校合作工作的增幅在14.63%～44.98%之间。其中，与日常教育教学相结合的家校合作活动增幅最大。家长对学校家校合作工作的评价也较为积极，给出"优秀""良好""一般"的人数较多。

在日常学校心理辅导工作中，学生中常出现焦虑、抑郁、强迫、厌学拒学、手机成瘾、自残等问题。虽然从表面上看是不同的问题，但通过大量咨询案例的积累和总结，可以印证一句话："任何的心理问题其实都是关系问题。"这句话呈现的是一种系统观，即任何人都是关系系统的一部分，当一个人出现问题，是他和这个系统相互作用的结果。尤其乡村学校的家校合作困难重重，家校合作的空间比较狭窄。乡村地区家长教育方式千差万别，对孩子的成长影响程度也不同，留守、离异、丧偶、寄养等家庭情况复杂，一些有不良互动模式的家庭，对孩子的身心影响巨大。

未成年人自我发展未完善，和家人的边界没有完全分化，受到家庭系统的影响很大，经常会成为家庭系统的索引病人。因此，在与青少年进行辅导工作时，只是辅导孩子效果甚微，干预的重点在于探索孩子问题的形成，找出家庭成员间不良的互动模式，通过扰动这种不良互动模式，达到更好解决问题的效果。

既然关系问题是心理问题的源头，那么使用什么方法可以直观地呈现关系，快速地帮助家庭成员觉察出关系背后的模式，并能激发出来访者改变关系的内在动力呢？常见的与关系相关的心理咨询媒材包括家谱图、家庭排列、家庭雕塑、家庭格盘等。借助这些媒材，通过学校对家庭教育的指导，可以帮助家庭和学校的教育目标更加一致，最大限度地协调与统一。

家长作为家庭教育的主体，通过与学校的紧密合作，可以更好地了解和支持学校的教育理念和方法，同时也能为孩子的成长提供更丰富的资源和环境。这种协同工作不仅增强了学校教育的效果，还能促进学生的社会适应能力的培养。值得注意的是，家校合作并不是简单地让家庭做学校的事或学校做家庭的事，而是各自履行自身的职责，共同为学生的成长创造有利的条件，形成强大的教育合力。尤其是对未成年人的心理健康教育，家校合作的重要性更为凸显。这种协同育人的实践更有助于解决学校教育、家庭教育、社会教育之间界限不清、职责不明的问题。

第六节 中小学生心理危机转介就医现状

目前，中小学生心理问题频发，根据俞国良教授2022年对290多万学生进行的元分析研究，小学生抑郁比例高达14.6%；初中生自杀意念的比例高达17%，自杀未遂的比例为4%；高中生自杀意念的比例高达17.1%，自杀未遂的比例为2.9%。根据《广东省学校安全条例》第29条，处于严重心理危机状态的学生，学校必须第一时间联系家长转介就医。在如此严峻的形势下，医教协同的必要性尤其重要。综观目前中小学学校对心理危机学生转介就医的现状，主要存在以下一些问题：

学校方面，许多学校可能没有足够的心理健康专业人员来识别和处理学生的心理危机；学校可能没有足够的资金来提供心理健康服务，或者没有与当地医疗机构建立合作关系，以在需要时为学生提供及时的医疗支持；学校没有明确的转介程序来确保学生在面临心理危机时能够获得适当的医疗支持，导致学生的需求被忽视或延误。

家长和学生方面，家长和学生普遍缺乏精神卫生知识。许多学生对心理问题的认识不足，不愿意承认自己有心理问题，更不愿意寻求专业的帮助。这导致了一些学生在遇到心理危机时，无法及时得到有效的帮助和支持。很大一部分家长病耻感强烈，把寻求心理健康服务视为一种耻辱或弱点，不愿意带孩子寻求心理医生帮助，从而加剧了学生的心理危机。还有一部分家长认为孩子只是在要挟家长就范，并不是真的想死，导致学生延误就医治疗的最佳时期。最后，即使家长带孩子就医，由于担心药物的副作用，遵医嘱规范服药治疗的比例也普遍偏低，很多时候家长或孩子自主停药，导致病情迁延。

医院方面，由于目前全国精神疾病医疗资源紧张，挂号就医难，转介就医率普遍偏低。在一些地区，精神医疗机构的资源严重不足，导致患者无法得到及时有效的治疗。而目前精神疾病的治疗主要依赖药物治疗，忽视了心理治疗、社会康复等其他重要的治疗手段。此外，精神疾病的治疗通常需要长期进行，而且费用高昂，对很多家庭来说是一笔不小的负担。

为进一步完善中小学生心理危机防控工作机制，促进教育、医疗双方资源共享、优势互补，全面培养中小学生良好心理素质，塑造学生健全的人格与健康的心理，构建科学的医教协同体系势在必行。

第二章 "校家医三位一体" 学校心理健康服务模式的相关理论

　　"校家医三位一体"学校心理健康服务模式是一种综合性的心理健康服务模式，旨在通过学校、医院和家庭的紧密合作，为学生提供更全面、更个性化的心理健康服务。学校、医院和家庭三者之间进行紧密合作，共同为学生提供更好的教育和服务。在这种理念下，学校、医院和家庭可以相互协作，共同为学生提供更好的学习环境和生活条件，同时也可以更好地关注学生的身心健康问题。见图1-2-1。

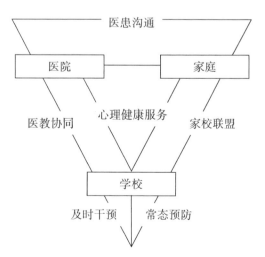

图1-2-1 "校家医三位一体"学校心理健康服务模式

为全面贯彻党的教育方针，坚持立德树人根本任务，以《全面加强和改进新时代学生心理健康工作专项行动计划（2023—2025年）》《广东省教育厅关于中小学心理健康教育工作规范指引》《中华人民共和国家庭教育促进法》等文件法案为指导，学校统筹推进实施广州市卫生健康委员会、广州市教育局发布的《关于推进建立中小学生心理危机转介"绿色通道"的通知》，科学建构"校家医三位一体"学校心理健康服务模式，进一步完善学校学生心理危机防控工作机制，建构校家医协同体系。在全面推进学校各项心理健康教育工作的前提下，重点做好心理危机学生的发现、干预、转介、诊疗、跟踪等工作。该模式的实施能够全面培养学生良好心理素质，塑造学生健全的人格与健康的心理，有效提升了学生心理健康服务质量。

第一节　个体辅导相关理论

一、接纳与承诺疗法

接纳与承诺疗法（Acceptance and Commitment Therapy，简称ACT）是认知行为疗法第三浪潮的核心疗法，是由美国内华达大学临床心理学教授海耶斯及其同事于20世纪80年代末至90年代初创立的一种新型心理治疗方法，目前正迅速成为全世界最流行的心理疗法之一。传统心理治疗技术是把症状、问题当作治疗的目标，致力于消除症状。而ACT与很多传统疗法不同，强调接纳症状，认为问题本身不是问题，自己和问题之间的关系，对问题的控制、回避才是问题。

ACT可以说是一种整合型心理疗法，在它的身上，可以看到认知行为疗法、森田疗法、精神分析、叙事疗法、焦点解决、合作对话疗法的影子。正是因为ACT整合各家之长，所以在心理辅导一线实践中，疗效非常突出。ACT的目标是帮助我们开创丰富充实且有意义的生活，通过正念觉察来增强心理韧性和灵活性，这一点对学生情绪问题调节非常重要。

二、移空技术

移空技术是由我国刘天君教授首创的本土化心身治疗技术，它融合了中西方生理学、心理学理论，结合中医"上医治神"学术思想，秉持身心合一的整体观念。移空技术针对的是来访者的身心症状，而不是问题本身，通过心理咨询师指导来访者充分运用意识的想象力，将症状具象化，并装载到承载物上，进行心理空间上的位移变化直至消失，创造心灵上的空境，把来访者带到没有问题的地方，从而改善和缓解症状对来访者的影响。

移空技术针对的症状主要是负性主观感受，可以分为生理和心理两类。生理症状主要为疼痛、憋闷、麻木等生理疾病症状或者身心疾病躯体化的症状；心理症状主要为焦虑、抑郁、恐惧等负性情绪。

移空技术的全部技术操作过程分为静态作业和动态作业，共10个操作步骤，简明且易操作。其核心技术是在不同的心理距离上反复移动被承载物装载的象征物，全部移动过程都是在来访者的正前方即与视线齐平的心理视野中进行，分为初始移动、可见移动和超距移动三个阶段。

移空技术一经发布，就受到国际心理界同行关注，国际催眠学会主席Bernhard Trenkle认为移空技术是整合东西方文化的良好例证，近10年来，已经在欧洲广泛传播。

三、辩证行为疗法

辩证行为疗法（DBT）属于认知行为疗法（CBT）中的一种，是后现代认知行为疗法中治疗情绪失调最有效的方法之一。这种疗法最初为治疗边缘性人格障碍而开发，后来广泛用于情绪失调状况的改善，使来访者学习调节情绪、管理冲突和建立对压迫性情绪的耐受度。

辩证行为疗法有三个主要目标：

1.接纳自己的情绪

情绪因需要而来，看到情绪背后的功能和需要是至关重要的，尤其是在情绪风暴袭来的时候，有意识地和情绪共处，接纳此刻情绪的存在，反而可以降低情绪的程度。

2.减少情绪脆弱性

情绪的扳机点通常隐藏着心理创伤，创伤所在之处是非常脆弱的，通过情绪痛苦耐受训练，降低情绪易感性，提升用言语化表达内心需要的能力。

3.减少情绪痛苦

辩证行为疗法使用正念来帮助培养情绪意识和自我控制感，练习与压迫性情绪共处，学习识别情绪而不是被情绪控制的方法。

四、情绪聚焦疗法

情绪聚焦疗法，以下简称EFT，创始人是格林柏格（L. S. Greenberg）。EFT是人本存在主义疗法最新的一个发展，也称为过程经验疗法，或者体验疗法。EFT重点强调了帮助来访者接纳、表达和调节情绪，以及赋予情绪意义和转换情绪等方面的策略。

在EFT中，最核心的治疗技术是情绪聚焦技术，特别强调4P，即 Present（当下）、Primary Affect（原始情绪）、Process（过程）、Pattern of Interaction（互动模式）。心理咨询师的任务在于与来访者一起着眼于此时此刻，回看过去事件激发的原始情绪以及对现在的影响，集中处理和肯定原始情绪，改变僵化、负向的互动模式，重建新的互动模式。

EFT的治疗犹如一个旅程，心理咨询师帮助来访者实现从情感疏离到情感交融，从自我防御到开放心胸，从僵化的行为模式到灵活的心理空间。具体的情绪聚焦技术包括：同理、唤起、加强、再界定、现场演练。

人与世界的互动中存在表层情绪和深层情绪两个情绪界面。深层情绪是对外界刺激产生的原始情绪反应，主要包括害怕、孤单、痛苦、无助。表层情绪是对深层情绪产生的次级反应，用来调节深层情绪，通常表现为愤怒、烦躁、生气。而真正让一个人感到被看到、被理解、被接纳的是深层情绪的界面。大部分的人在生活中都是展示出表层情绪的界面，以指责攻击或者逃避退缩作为自我保护的方式，或提高情绪强度，或消除情绪张力，本质上都是不接纳自己深层的情绪，见表1-2-1。

表1-2-1　深层情绪的内在语言

指责攻击者的内在语言	逃避退缩者的内在语言
被孤立	被拒绝
不被在意	不被信任
伤心的	麻木的
我不重要	我不够好

根据依恋理论，依恋分为安全依恋和不安全依恋，核心是依恋需求没有被满足，表现在情绪容易激动、认知功能失调、安全感和价值感不足，需要被接纳和被认可等。所以，他们很多时候使用战（反击指责）或逃（回避退缩）的行为模式来应对，见表1-2-2。

表1-2-2　不安全依恋带来的行为模式与情绪的关联

不安全依恋的两种行为模式	情绪反应
焦虑矛盾型依恋提高情绪强度的行为	暴躁、指责、易激惹、攻击他人
逃避型依恋消除情绪张力的行为	压抑、麻木、逃避、隐藏、否认

长此以往，儿童依恋需求不被满足，经常唤起的负面情绪带来不良行为的互动模式开始恶性循环。不安全的依恋模式导致儿童情绪容易两极化、行为容易两极化，严重影响儿童人格健全和发展，见表1-2-3。

表1-2-3　依恋类型对儿童内在自我的影响

依恋类型	儿童内在自我
安全型依恋	我是有价值的 世界是安全的 他人是友好的
焦虑矛盾型依恋	我是没有价值的 世界和他人是不值得信赖的 非常需要亲密感 害怕被拒绝

续表1-2-3

依恋类型	儿童内在自我
回避退缩型	我不够好 世界和他人不值得信赖 我不需要亲密关系 我要保持独立

五、沙盘游戏

沙盘游戏，亦称箱庭疗法，是一种深度心理治疗方法。在治疗师的陪伴下，来访者从摆放各种微缩模具（玩具）的架子上自由挑选小模具，将它们摆放在盛有细沙的特制的容器（沙盘）里，创造出一些场景。然后由治疗师运用荣格的"心象"理论去分析来访者的作品，以此达到治疗效果。

沙盘游戏以荣格的分析心理学为理论基础，通过象征的方式激发来访者内在的自我疗愈和自我整合的力量。中国文化中的"天人合一"理念与沙盘游戏的精神相吻合，通过沙盘游戏，人们可以触摸到与大宇宙的连接。

沙盘游戏是一种行之有效的心理治疗技术，沙盘中的各种场景无疑是来访者内心的展现，这些场景可以帮助心理工作者了解来访者，便于建立良好的咨访关系。此外，沙盘游戏也是一种用沙子和玩具模型表达和释放内心状态的心理学活动，它适用于儿童和成人，可以促进智力、创造力、想象力，以及沟通、交流、解决问题的能力，同时也有助于促进身心和谐。

沙盘游戏在人际关系问题的辅导效果方面主要有以下几种作用：

1.增强自我认知

通过摆放沙盘中的小物件，个体可以更好地了解自己的情感、需求和期望，从而增强自我认知。这有助于个体在人际关系中更加自信地表达自己，同时也能更好地理解他人。

2.提高沟通能力

沙盘游戏可以帮助个体学会用非语言的方式表达自己的想法和感受，从而提高沟通能力。这对于解决人际关系问题非常重要，因为有效的沟通是建立和维护良好人际关系的基础。

3.增进同理心

通过观察和分析沙盘中的情境，个体可以更好地理解他人的感受和需求，从而增进同理心。这有助于个体在人际关系中更加关心和支持他人，同时也能更好地处理冲突和矛盾。

4.培养解决问题的能力

沙盘游戏可以帮助个体在模拟的现实情境中尝试不同的解决方案，从而培养解决问题的能力。这对于解决人际关系问题非常有帮助，因为很多人际关系问题都需要个体具备一定的解决问题的能力。

5.减轻压力和焦虑

沙盘游戏为个体提供了一个安全、无压力的环境，让他们可以在其中自由地表达和探索自己的内心世界。这有助于减轻个体在人际关系中的压力和焦虑，从而更好地应对人际关系问题。

总之，沙盘游戏在人际关系问题的辅导中具有很大的潜力，可以帮助个体提高自我认知、沟通、同理心和解决问题的能力，从而更好地应对人际关系问题。

六、自体心理学理论

自体心理学理论是由科胡特于20世纪70年代创立的，该理论集中探讨早期关系如何影响个体发展，特别是养育者如何培养孩子的自体感。如果养育者在孩子的生命早期是失功能的，包括共情缺乏、镜像化被剥夺、理想化不足等，则会使孩子产生低自尊、自体脆弱、共情缺乏、嫉妒心强等问题。具体内容见表1-2-4。

表1-2-4　自体客体功能表

自体客体功能	含义	作用	失功能导致问题
镜像化	养育者恰当回应孩子的共情能力	发展积极的自尊	低自尊、过度敏感、自我惩罚、过度膨胀、共情缺乏、嫉妒心强等
理想化	养育者被孩子理想化的能力	构建强大的自体感	

其中，"好学生思维"就是学生自体脆弱的典型表现。"好学生思维"是指为了完成权威的期待，成为别人眼中的好学生，而执着于努力改变自身，过分反省自身，把结果和个人价值画等号，行为只是被外部恐惧驱使，缺乏内在动机的心理状态。"好学生思维"模式可能发展为"好学生强迫思维"模式，其特点为有意识地强迫和反强迫并存，一些关于自己的价值、意义、自罪自责的想法以及一些关于他人的超越、进步、嫉妒，甚至违背自己意愿的想法或冲动反反复复侵入来访者的大脑。来访者虽体验到这些想法或冲动是来源于自身，想极力抵抗，但始终无法控制，二者强烈的冲突使其感到巨大的焦虑和痛苦，甚至会影响学习、人际交往、生活起居。

七、正念

正念是源于东方禅修文化的一种冥想方法。其在20世纪70年代流传到西方，引起心理学界的注意，最早是由卡巴金博士将其应用在临床上，以缓解慢性病人的疼痛感以及压力。很多心理学家都对正念的含义进行了界定，目前大家较为认可的正念定义是：通过有意识地觉察当下，并对每时每刻所觉察的体验不加评判，从而产生的一种觉察力。卡巴金教授认为正念是"一种有目的、不评判的将注意力集中于此时此刻的方法"。

正念是一种训练心智的方法，帮助我们去接纳自己。在正念练习中，我们能更好地觉察自身情绪和躯体知觉，以平和、宽容的态度去面对一切。正念训练是一种以"不加评判"和"接受"为基础的心理训练范式，强调有意识地察觉自己的内在体验，并接受自己的内在体验。

在学习和教育领域，正念对提高学习效果、减轻压力和焦虑以及促进心理健康具有积极作用。

1.提高注意力和专注力

正念训练可以帮助学生更好地集中注意力，减少分心和走神的现象。通过定期练习正念冥想，学生可以学会如何将注意力集中在当前的任务上，从而提高学习效率。

2.增强记忆力

研究表明，正念冥想可以改善大脑的记忆功能，有助于学生更好地记住所学知识。通过正念训练，学生可以学会如何更有效地处理和存储信息，提高长期记忆能力。

3.减轻压力和焦虑

学习过程中的压力和焦虑可能会影响学生的学习效果和心理健康。正念冥想可以帮助学生学会如何应对这些负面情绪，从而降低压力水平和焦虑感。

4.提高情绪调节能力

正念训练可以帮助学生更好地认识和理解自己的情绪，学会如何在面对挫折和困难时保持冷静和理智。这有助于学生在学习过程中保持良好的心态，提高学习效果。

5.培养自我觉察能力

正念训练可以帮助学生更好地了解自己的思维方式、行为模式和情感反应，从而更好地调整自己的学习方法和策略，提高学习效果。

6.增强创造力和批判性思维能力

正念训练可以帮助学生跳出固有的思维模式，培养开放、好奇和创新的思维方式。此外，正念还可以帮助学生更好地分析和评估信息，提高批判性思维能力。

正念练习对学生具有多方面的积极影响，可以帮助学生提高学习效果、减轻压力和焦虑、促进心理健康以及培养创造力和批判性思维能力。因此，将正念引入学习和教育领域是一种有益的尝试。

八、后现代心理疗法

后现代心理疗法是一种相对于传统心理疗法的新兴心理治疗方法。它强调个体的主观体验和自我建构，以及在治疗过程中对传统理论和方法的质疑和挑战。后现代心理疗法的目标是帮助个体建立更健康、更自主的心理状态，以应对生活中的挑战和压力。

后现代心理疗法的主要特点包括：

1.关注个体的主观体验。后现代心理疗法认为，个体的感受和经验是最重要的，因此在治疗过程中会充分尊重和倾听个体的感受。

2.强调多元性和差异性。后现代心理疗法认为，每个人的心理特点和需求都是独特的，因此在治疗过程中会根据个体的特点和需求制定个性化的治疗方案。

3.强调自我建构。后现代心理疗法认为，个体的心理状态是由其自我建构和社会环境共同影响的，因此在治疗过程中会帮助个体建立更健康、更自主的心理状态。

4.整合使用多种治疗方法。后现代心理疗法通常会结合多种治疗方法，如认知行为疗法、人本主义疗法、精神分析疗法等，以达到更好的治疗效果。

后现代诸多心理疗法认为，人本来是有解决自身问题的能力的，只是暂时没有发掘相关的资源或者潜能，这在许多个案身上都是明显存在的，如果心理老师只是头疼医头，脚疼医脚，暂时的症状是缓解了，但是长此以往，个案复发的可能性会很高，心理老师也会感到身心俱疲。

叙事疗法是受到广泛关注的后现代心理治疗方式之一，旨在帮助个体理解和重塑自己的生活故事，以改善心理健康和生活质量。叙事心理治疗的创始人和代表人物为澳大利亚临床心理学家迈克尔·怀特及新西兰的大卫·爱普斯顿，他们在20世纪80年代就提出了该理论。20世纪90年代，他们有关该理论的书籍在北美发行，系统阐述了有关叙事心理治疗的观点和方法，叙事心理治疗开始流行。叙事疗法也是目前应用比较广泛的现代心理治疗技术，它基于人本主义心理学和后现代心理学的理论基础，认为个体的心理健康与其生活故事密切相关；它摆脱了传统上将人看作问题的治疗观念，认为人不是问题，人应该与问题分开；它以贴近、能量、希望、行动指引为根本，带领迷失的心灵找到归家的地图，通过"故事叙说""问题外化"等方法，使人变得更自在、更自主、更有动力。

九、生涯理论

职业生涯是一个人长期的发展过程，在不同的发展阶段，每个人有着不同的职业需求和人生追求。生涯理论是心理学和职业指导领域中的一个重要分支，它关注个体在不同生命阶段的职业发展和生涯规划。这些理论旨在帮助个人理解自己的职业兴趣、能力、价值观和个性特征，以及如何将这些因素与职业选择和职业发展相结合。这里列举几种主要的生涯理论。

（一）特质因素理论（Trait-Factor Theory）

由弗兰克·帕森斯提出，认为个人的职业选择应基于其特质（如能力、兴趣、价值观）与职业的要求和回报之间的匹配。这一理论强调了个人与职业之间的相互适应性。

（二）霍兰德类型论（Holland's Theory）

约翰·霍兰德提出了职业选择的六种基本类型（现实型、研究型、艺术型、社会型、企业型、常规型），认为个人的职业兴趣和人格类型与职业环境的匹配程度会影响其职业满意度和成功。

（三）生涯发展理论（Life-Career Development Theory）

唐纳德·舒伯提出了生涯发展的阶段理论，将个人的生涯发展划分为成长、探索、确立、维持和衰退五个阶段。舒伯的理论强调了生涯规划是一个持续的、终身的过程，并且个人在不同生命阶段会面临不同的发展任务。

（四）社会学习理论（Social Learning Theory）

克朗伯兹基于班杜拉的社会学习理论，提出了生涯选择受到个人学习经验、环境条件、特殊事件和遗传因素的影响。这一理论认为，个体通过观察、模仿和社会互动来学习职业角色和行为。

（五）生涯建构理论（Career Construction Theory）

由萨沃里斯提出，强调个体在生涯发展中的主动性和创造性。这一理论认为，个体通过建构自己的故事和生涯叙事来理解自己的职业经历，并在此基础上规划未来的职业道路。

这些理论为个人提供了不同的视角和工具，帮助他们更好地理解自己的职业兴趣和能力，制定符合自己特点和市场需求的职业规划，从而实现职业发展和生涯成功。

十、积极行为支持理论

积极行为支持（Positive Behavior Support，简称PBS）是一种对个体行为实施干预的系统化方法，它通过教育的手段发展个体的积极行为，用系统改变的方法调整环境，达到预防和减少个体问题行为、改变个体生活方式的目的，最终实现提高其生活质量的目标。这种方法起源于应用行为分析（ABA），并且是建立在功能评估结果基础上的行为干预策略。

在教育教学中普遍认为，学生违反学校纪律，违背学生日常行为规范，如旷课、早退、迟到、打架等，对学校和社会造成一定危害但还未构成犯罪的行为叫作偏差行为。青少年偏差行为的出现，往往受多种因素影响。首先，青少年正处于青春期，超前的身体发展与相对滞后的心理发展形成鲜明对比，容易产生迷茫、焦虑、以自我为中心等心理现象，从而出现偏差行为。其次，与不良同伴交往，有打架、抽烟喝酒等不良行为，或不良家庭教养方式，如暴力、忽视、溺爱等，都会对青少年的身心发展产生莫大影响，进而产生偏差行为。最后，青少年由于大脑前额叶理智中枢发育未完全，容易有冲动情绪和偏差行为。

由于偏差行为学生的行为会对自己及他人产生直接或隐藏性伤害危机，因此成为班主任、心理老师、科任老师、家长共同关注的焦点。与偏差行为学生有"过招"经验的班主任、心理老师会发现，学生的偏差行为其实是学生在用一种错误的方式来满足自己正常的需求。学生偏差行为背后往往有复杂的动机和功能，这些动机和功能体现着学生内在的心理需求，具有强大的心理动力，仅通过说教令其改变是非常困难的。所以，教会他们如何用正确的行为来满足自己的心理需求是非常重要的。

积极行为支持是通过研究环境与行为的关系来制定相关事先控制策略，移除学生的问题行为，促进替代行为的产生，减少学生做无效以及不被学校、社会期待的偏差行为。积极行为支持的核心是理解行为的功能性，以制定有效的问题行为干预策略。它通常是在学校环境中使用应用行为分析和标准化价值观、社会角色评估理论等来提高生活质量。积极行为支持流程包括目标识别和执行功能行为评估（FBA）。FBA阐明行为并识别上下文（事件、时间、情况），预测该行为何时会发生或不会发生，以及维持该行为的后果。

此外，积极行为支持不仅扩展了理论视角，还综合了不同学科的方法，并在家庭、学校和社区情境中得到了深入研究，这种方法的应用已经形成了系统化预防干预的问题解决模型。

第二节 家校合作的相关理论

一、生态系统理论

生态系统理论是由美国的心理学家布朗芬布伦纳提出的，他认为青少年在成长的经历中，其行为和状态不是独立产生的，而是和他身边的生态系统相互作用产生的，这个生态系统主要包括家庭、学校、社会、文化背景等。青少年出现的问题，往往是他和他所在系统相互作用、循环因果的产物。

心理问题的系统视角具体分为三个：

1.系统的需要。心理问题不是核心问题，而是关系问题的外显。问题因系统的需要而来，通过扰动系统，消除此需要，从而改善问题。

2.系统的合作。心理问题是系统内部子系统的合作产物，是由个体的生理、心理、家庭、社会等因素共同作用形成的。

3.系统的机会。心理问题的出现背后是有意义、有功能的，解决好心理问题就是整个系统发展的机会。

二、家庭格盘

家庭格盘是使用木偶摆放的家庭雕塑，通过可视化的沟通媒介，激发来访者的内在动力，是系统咨询行动法之一。1978年，该方法由德国的心理学家库尔特罗德维西发明，初衷是帮助家庭更好地了解自身，2014年引进中国并命名为家庭格盘。

1.家庭格盘的功能与作用（见表1-2-5）

表1-2-5　家庭格盘的功能与作用

家庭格盘的功能	家庭格盘的作用
呈现	对系统的关系模式进行呈现
反馈	非言语沟通
推演	系统存在问题的假设
外化	人与症状分离对话，症状外化
激活	激活内在改变力量

2.家庭格盘的组成

家庭格盘由承载物和木偶组成。承载物代表摆放者的某个系统，一般由木板代表。木偶的角色与意义由摆放者决定，团体辅导一般使用50个木偶，个体辅导一般使用18个木偶。

3.家庭格盘的空间意义

（1）社会距离。木偶之间的空间距离代表系统成员间的社会距离。

（2）关系强度。木偶之间的对视角度代表系统成员间的关系亲疏。

（3）最终布局。木偶之间的相对位置代表整个系统的样态。

三、家庭治疗

20世纪50年代，美国的精神分析师阿克曼发现一个奇怪的现象，在精神病院的住院病人，经过一段时间的治疗后病情稳定或趋于好转，但是当他们的家人来医院探视或出院回家（与医院同等剂量服药）后病情会出现波动甚至反复恶化。于是，阿克曼把对个体病人的关注转向对病人所在的家庭上，首先提出了家庭治疗这种新的治疗方法，被称为心理咨询治疗领域的第四势力。

家庭治疗是一种理解的心理学，理论核心是系统观。其认为疾病或症状是家庭系统循环因果的产物，是以家庭动力系统为出发点，关注家庭成员间的互动，强调家庭的重要性，治疗的关键是为了理解和扰动家庭互动模式。

家庭治疗中把呈现出问题的病人称为索引病人。青少年作为未成年人，自我发展未完善，和家人的边界没有完全分化，受到家庭系统的影响很大，经常会成为家庭系统的索引病人。因此，在与青少年的辅导工作中，只是辅导单个孩子效果甚微，干预的重点在于探索孩子问题的形成、维持和功能意义，找出家庭成员间不良的互动模式，通过扰动家庭成员间的不良互动模式，达到更好解决问题的效果。

在不良的家庭互动模式运作下，青少年很容易成为家庭的索引病人，常见的四种青少年索引病人如表1-2-6所示。

表1-2-6 常见的四种青少年索引病人

索引病人分类	配配	乖乖	坏坏	病病
症状行为表现	作为父母"情绪配偶"的青少年，多数生活在父母关系不和甚至破裂的家庭，家庭关系三角化，孩子作为未成年人无法解决父母的困扰，逐渐被父母的问题吞噬，自我价值感低	小大人通常生活在多灾多难的家庭，他们显得乖巧懂事，但是内在却是一个假性自我。他们容易感到压抑自卑，为他人而活使他们总产生无意义感	小恶魔是班级最调皮捣蛋的青少年，他们通常生活在极端教养方式的家庭，通过用攻击或者被动攻击的方式，做一些出格的行为吸引他人的注意	小病人通常生活在压抑指责的家庭中，他们内在的很多冲突无法通过言语化表达，只能通过躯体表达，表现为身体的各种不舒服，常见的症状有肠胃问题、发烧、过敏等

家庭互动模式的权利之争表现在亲子双方的关系控制上。培育性的控制是亲子双方承担各自责任，通过彼此信任来提供资源。而压制性控制是通过控制获得掌控感，引起对抗、焦虑、抑郁、躯体疾病等。常见的父母对孩子的控制包括：过度呵护、精神PUA、家庭规则、代际派遣、育儿焦虑、双重束缚等。常见的孩子对父母的控制包括：用症状控制父母使家庭排列错位（即孩子是家庭的霸王）。

四、客体关系理论

20世纪40年代，温尼科特、乔治·鲍尔比等一批精神分析家发展了一系列理论，这些理论后来被统称为客体关系理论。客体关系理论建立在梅兰尼·克莱因最早提出的一些关于母婴互动的研究基础上。克莱因认为，与主要养育者的早期互动帮助人们形成了认知、感受和行为的方式，这些早期关系经验被内化并保存在个体潜意识之中，会无意识地影响人们自我认识、自尊水平和与他人相处的方式。母婴互动关系会内化为孩子的自我认同，即一个人把养育者对自己的互动方式转化为对自己的身份、角色、价值等方面的认识。人们早期与养育者的关系还会内化为他们关系的基本模板。通常当养育者满足了孩子的需要时，就会发展出积极的关系模板；而在需要没有被满足时，就会发展出消极的关系模板。见表1-2-7。

表1-2-7　内在关系导致积极和消极两种关系模板

内在关系	孩子内在感受	自尊水平	依恋类型	关系模板
需要得到满足	满足、全能	高自尊	安全型依恋	积极关系模板 （信任他人、健康的人际预期）
需要没有得到满足	挫折、弱小	低自尊	不安全型依恋	消极关系模板 （不信任他人、有问题的人际预期）

五、俄狄浦斯期冲突

俄狄浦斯期是指一个人心理发展到3～6岁的时期，此阶段发展一旦有了障碍，就会出现生理与心理不协调，可能形成性格上的神经症特质。俄狄浦斯期冲突导致的情绪问题包括恐惧、焦虑、沮丧和无力感等。

在俄狄浦斯期，孩子开始意识到自己的独立性和自我意识，开始反抗父母的权威和控制，同时也开始感受到自己与父母之间的矛盾和冲突。这种冲突可能会使孩子感到害怕和不安，因为他们可能担心自己无法满足父母的期望，或者害怕自己会失去父母的爱和支持。例如，父亲对儿子高期待，而儿子本身并不认同这种期待，进而成为他自恋的负担，活在对自己不满意的感受里，并出现一系列身心症状。

此外，俄狄浦斯期冲突还可能导致孩子对性的认识和态度出现混乱和焦虑，因为他们刚开始探索自己的性欲和性别认同，而这种探索可能会受到父母和社会的影响和限制，所以孩子可能会感到困惑和不安。尤其在青春期身心巨变的阶段，更加容易出现各种心理问题，突出表现在对自我的不认同、不自信，容易焦虑、强迫和出现躯体化障碍。

总之，俄狄浦斯期冲突对孩子的心灵发展具有重要影响，父母和教育者应该关注孩子的情感需求，提供必要的支持和指导，帮助孩子顺利度过这个阶段。

六、优势教养

优势教养起源于积极心理学，莉·沃特斯（Lea Waters）在《优势教养》一书中阐述，每个人都有优势，父母应该帮助孩子发挥自身的优势，以促进个人发展，体验更为积极的情绪，享受更为和谐的家庭关系。

优势教养是一种以个体的优势和潜力为基础的心理治疗方法，旨在帮助个体发掘和利用自身的优势，以应对生活中的挑战和压力。它基于积极心理学的理论基础，认为个体的优势和潜力是其心理健康的重要组成部分。优势教养关注个体的优势和潜力，认为个体的优势和潜力是其心理健康的重要组成部分，因此在治疗过程中会关注个体的优势和潜力。该理论强调个体的自我效能感,认为个体的自我效能感是其成功应对挑战和压力的关键因素,因此在治疗过程中会鼓励个体提高自我效能感,鼓励个体进行自我探索和自我成长,并使用积极的语言和态度,通过结合多种治疗方法,如认知行为疗法、人本主义疗法、精神分析疗法等,以达到更好的治疗效果。

根据塞利格曼提出的24种品格优势(图1-2-2),家长可以采取测评量表的方式或者访谈观察的方式来明确孩子的核心优势,并在日常生活中有意识地培养孩子发挥这些核心优势。

图1-2-2 积极心理学24种品格优势

第三节 危机干预相关理论

一、与压力相关的理论

在当代科学文献中,压力这个概念至少有三种不同的含义。第一种,压力指那些使人感到紧张的事件或环境刺激;第二种,压力指一种身心反应,包括心理成分和生理成分；第三种，压力是一个过程，是引起压力的刺激及情境。心理学中有许多关于压力的理论。

（一）塞利的适应综合症理论

塞利的适应综合症理论将压力分为警觉、阻抗和衰竭三个阶段，并将压力定义为生物体受到来自体外的各种刺激与压力源的影响，在体内产生的各种伤害和防御的总和。

（二）生理—社会—心理学取向的角度

从生理—社会—心理学取向的角度理解压力，将压力理解为一种复杂的身心历程，包含三大部分：压力源（即可能对个人造成伤害或威胁的情境或刺激）、认知评估（即当事人对于刺激或情境的认知和评价）以及焦虑反应（即当事人对于潜在威胁的反应）。此外，压力源也可以根据其性质划分为外部压力源和内部压力源。外部压力源包括家庭、工作、经济、学业和社会环境等因素；内部压力源则通常涉及个体的心理状态和情绪体验。这些理论给我们提供了理解和应对压力的不同视角和方法。

（三）耶克斯—多得森定律

耶克斯—多得森定律提出，学习效率与焦虑程度之间呈倒U形曲线的关系。根据学习任务的难度，适当的焦虑有利于学习任务的完成，但焦虑过度就会产生相反作用。

（四）拉扎勒斯的压力与应对模式

拉扎勒斯认为，压力是人与环境相互作用的产物。如果人们认为内外环境都对自己产生了负面影响，就会产生压力，而应对则是针对这种负面影响所采取的行为或心理策略。

二、与危机相关的理论

危机干预从心理学和社会工作实务的角度来看，是一种通过调动处于危机之中的个体自身潜能来重新建立或恢复危机爆发前的心理平衡状态的模式。以下几种理论框架可以理解危机干预：

（一）基本危机理论

基本危机理论强调人们在创伤性事件中所表现出来的普遍反应是正常和暂时的，可以通过短暂的危机干预技术进行治疗。治疗的关键在于帮助危机者认识和矫正创伤性事件引发的暂时的认知、情绪和行为的扭曲。

（二）贝克认知疗法

贝克认知疗法是由贝克（A.T. Beck）在研究抑郁症治疗的临床实践中逐步创建的。贝克认为，认知产生了情绪及行为，异常的认知产生了异常的情绪及行为。认知是情感和行为的中介，情感问题和行为问题与歪曲的认知有关。

（三）人际关系理论

谢里·科米尔在人际关系理论中强调了建立健康人际关系的关键要素，即开放、诚信、共享、安全、天真和无条件的积极关心，这些要素对于个人的自尊和心理健康至关重要。该理论指出，如果人们相信自己，相信别人，并且具有自我实现和战胜危机的信心，那么个人的危机就不会持续很长的时间。

（四）生态系统理论

生态系统理论则将视角扩大到整个生态系统，认为灾难性事件能够影响和改变整个生态结构。因此，仅仅处理危机幸存者的情绪创伤是不够的，需要心理学家、社会工作者、环境科学家、经济学家等不同领域的专家共同合作，形成快速反应小队，提供全面的援助和支持，确保生态系统的稳定和可持续发展。

三、创伤后应激障碍

创伤后应激障碍（PTSD）是一种由于经历了生命受到威胁、严重伤害或恐怖事件而导致的心理障碍。这些事件可能包括战争、自然灾害、性侵犯、严重车祸等。其症状包括回避行为、负面情绪和认知，以及高度警觉。

根据《精神障碍诊断与统计手册》第五版，创伤后应激障碍的诊断标准包括：

（1）经历过一个或多个涉及实际死亡、严重伤害或生命受到威胁的事件。

（2）持续地重新体验创伤事件，如噩梦、闪回等。

（3）避免与创伤事件相关的刺激和活动。

（4）负面情绪和认知，如愤怒、恐惧、愧疚、无助等。

（5）高度警觉，如易惊、难以入睡等。

治疗创伤后应激障碍的方法包括药物治疗和心理治疗。药物治疗主要使用抗抑郁药、抗焦虑药和抗精神病药等。心理治疗主要包括认知行为疗法（CBT）、眼动脱敏与再处理（EMDR）等。

以上的各种理论提供了对危机和干预的不同视角和方法，有助于我们更全面地理解和应对危机情况。

第三章 "校家医三位一体"
学校心理健康服务模式的模型搭架

近年来，学校学生心理健康问题日益凸显，从全国和广州市的一些数据中可以看出，学生心理问题存在低龄化、严重化的趋势，具体主要表现在以下几个方面：

（1）学生心理危机事件频发，学校心理筛查预警人数逐年增多，重点关注人数攀升，心理危机需转介学生人数增多，学校心理健康教育工作形势严峻。

（2）家长、学生精神卫生知识相对匮乏，对心理健康教育意识比较淡薄，加之精神类疾病特殊的病耻感让家长和学生对心理问题讳疾忌医，导致心理危机学生转介效率普遍偏低。

（3）校园心理辅导规范性、实战性不强。面对高危学生，心理教师的辅导、干预能力有限。

（4）学校心理健康教育工作不完善，在实际教育教学中，有时难以将心理健康教育课程排入课表。部分学校的心理健康教师未能专岗专用。

（5）社会心理诊疗公共资源不足，青少年心理诊疗公共资源严重不足，学生心理应急情况处置"绿色通道"机制尚未完善。

所以，建构"校家医三位一体"学校新型心理健康服务模式势在必行。

2023年5月，在对广州市黄埔区学生心理问题受系统影响程度的调查中发现，家庭关系是影响学生心理健康最大的因素。见图1-3-1。

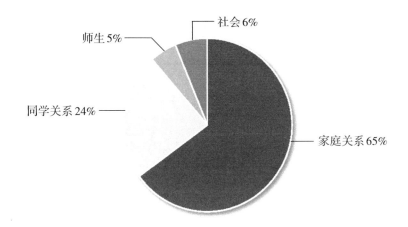

图1-3-1 学生心理问题受各系统影响程度

其中，因家庭关系问题导致学生抑郁、焦虑、学习功能下降、人际交往功能下降的比例见图1-3-2。

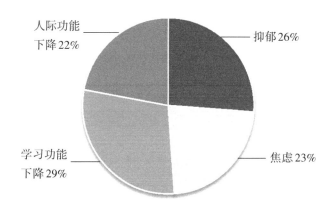

图1-3-2 家庭关系导致学生心理问题比例

应科学建构"校家医三位一体"学校心理健康服务模式工作机制，将学校、家庭、医院三方有机整合，将三条心理健康服务脉络全线打通，促进学校、家庭、医院三方资源共享、优势互补。

在"校家医三位一体"学校心理健康服务模式规划阶段，为清晰建模搭架路径，共设计了四个模型：

模型一：学生心理危机影响因素模型（图1-3-3）。

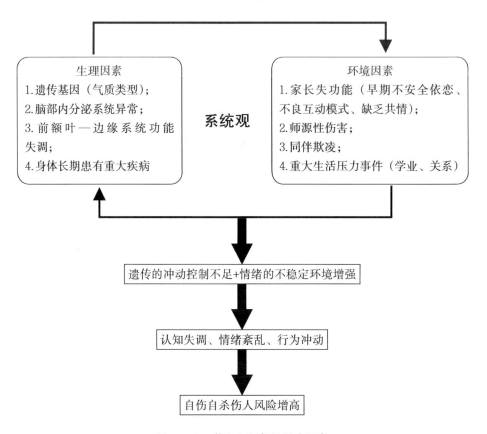

图1-3-3　学生心理危机影响因素

该模型阐述了学生心理危机产生的影响因素不是单一的，而是系统影响下的综合产物，特别是遗传的冲动控制不足和情绪的不稳定环境增强的叠加，导致自杀自伤伤人风险增高。

模型二："校家医三位一体"学校心理健康服务模式模型（图1-3-4）。

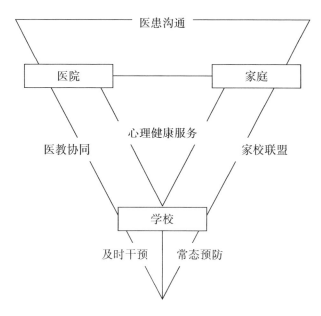

图1-3-4 "校家医三位一体"学校心理健康服务模式

该模型阐述了校家医三方三向赋能的渠道,通过建立"医教协同""家校联盟""医患沟通"三条通路,彻底打通校家医三方壁垒。针对预警干预性学生群体梳理建构"及时干预"的校家医协作流程,针对未预警预防性学生群体设计"常态预防"的多途径心理健康促进活动路径,促进学校、家庭、医院三方资源共享、优势互补。

模型三:"校家医三位一体"学校心理健康服务模式协作流程模型(图1-3-5)。

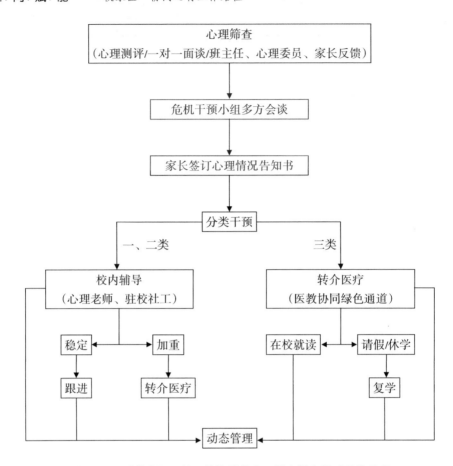

图1-3-5 "校家医三位一体"学校心理健康服务模式协作流程

该模型阐述了"校家医三位一体"学校心理健康服务模式协作流程，搭建了心理预防、心理筛查、心理辅导、心理活动、心理评估、心理治疗、心理培训等"校家医三位一体"的工作机制。通过每学年的三重心理筛查，危机干预小组多方会谈后，确定心理预警学生名单，向家长下发《学生心理健康情况告知书》，并将所有预警学生进行分类干预。对于一类、二类预警学生，主要由学校心理老师和驻校社工进行心理辅导，三类预警学生由心理危机小组会谈家长并转介就医，并提供医教协同资源，加快转介就医效率。整个协同过程采用动态管理模式，具有灵活、高效等特点。

模型四：学校层面多途径心理健康促进活动路径模型（图1-3-6）。

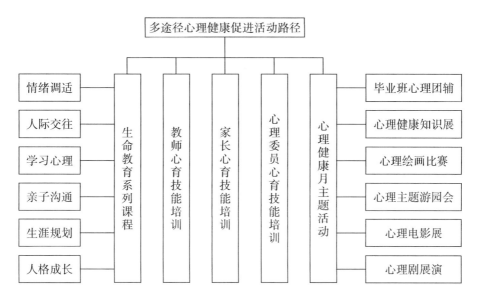

图1-3-6 学校层面多途径心理健康促进活动路径

该模型阐述了学校层面多途径心理健康促进活动路径的设计思路，包括研发生命教育课程、开设心理社团、培训专业的师生心理健康教育团队、提供家庭教育指导服务、组织各类心理健康教育主题活动等。通过上述多途径的心理健康促进活动路径，学校可以为学生提供一个全面的支持系统，帮助他们建立良好的心理素质，促进其健康成长。

关于"校家医三位一体"学校心理健康服务模式，学校方面主要是做好危机预防干预和心理团辅个辅工作，开拓高风险学生预防性干预模式、探索区域医教合作形式、建立学校家校联盟机制、倡导医患多元沟通，心理老师联合校危机干预小组成员做好学生心理辅导、心理危机干预和家庭会谈。学校通过告知家长危机情况，精准把脉问题学生症结，有的放矢指明解决方向，对第三类预警学生建议就医治疗。在学校层面，除了正常开展心理健康课和心理个案辅导外，还要多途径开展心理健康促进活动等实践路径，预防学生心理问题的发生。

第四章 "校家医三位一体" 学校心理健康服务模式的实践策略

近年来，学生心理健康问题日益突出，心理危机事件频发；学校心理健康服务工作不完善，校园心理辅导规范性、实战性不强；家长精神卫生知识相对匮乏，心理健康教育意识比较淡薄；社会心理诊疗公共资源不足，就医挂号难，学生心理应急情况处置"绿色通道"机制尚未完善等问题存在。针对以上问题，"校家医三位一体"学校心理健康服务模式（图1-4-1）从学校心理健康服务的视角，以医院、学校和家长三重维度梳理设计了"及时干预"的协同工作模式流程和"常态预防"的多途径心理健康促进活动路径模型，实践并总结了全线打通医教协同、家校联盟、医患沟通三条心理健康服务脉络的具体策略，为一线中小学心理健康教育工作者开展"校家医"协同工作提供具体可操作的路径及实操性经验，对区域中小学生心理健康服务工作具有重要指导意义。

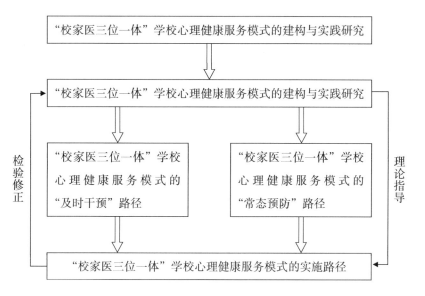

图1-4-1 "校家医三位一体"学校心理健康服务模式

一、"校家医三位一体"学校心理健康服务模式实践的理论依据

1.社会生态系统理论

社会生态系统理论认为,对孩子产生最直接影响的是"微系统",家庭是主要的微系统;"中系统"主要指微系统背景中的交互关系,包括朋友和学校;"外系统"是指对孩子产生影响的社会背景;"宏系统"包括特定文化中的意识形态、道德观念、习俗及法律。社会生态系统理论认为,学校、社区、家庭都是互相关联依存的,该观点是从整个社会环境分析学生的问题并且为问题寻找解决的途径。

2.家校合作

家校合作概念的提出可追溯到19世纪的美国教育,家校合作(School-family Partnerships)是指教育者与家长(和社区)共同承担儿童成长的责任,包括当好家长、相互交流、志愿服务、在家学习、参与决策和与社区合作等六种实践类型。家校合作有助于形成教育合力,实现优势互补,共同推动学生的全面发展,有利于促进家庭和学校的教育目标达成一致。

3.家庭治疗

家庭治疗被称为心理咨询治疗领域的第四势力，是以家庭为对象实施的团体心理治疗模式，其目标是协助家庭消除异常、病态情况，以执行健康的家庭功能。家庭治疗的特点是不着重于家庭成员个人的内在心理构造与状态的分析，而将焦点放在家庭成员的互动与关系上，从家庭系统角度去解释个人的行为与问题，个人的改变有赖于家庭整体的改变。

4.相关文件

（1）教育部办公厅印发《关于加强学生心理健康管理工作的通知》。

（2）中华人民共和国第十三届全国人民代表大会公布《中华人民共和国家庭教育促进法》。

（3）教育部印发《中小学心理健康教育指导纲要》。

（4）广东省教育厅印发《广东省中小学心理健康教育行动计划》。

（5）广州市教育局出台《广州市中小学心理健康教育行动计划（2021—2023年）》。

（6）广州市教育局联合广州市卫生健康委员会下发《关于推进建立中小学生心理危机转介"绿色通道"的通知》。

（7）教育部等十七部门印发《全面加强和改进新时代学生心理健康工作专项行动计划（2023—2025年）》。

二、"校家医三位一体"学校心理健康服务模式的实践策略——以广州市黄埔区丁一杰名师工作室实践策略为例

"校家医三位一体"学校心理健康服务模式在实践中不断创新，依托广州市黄埔区丁一杰名师工作室，通过与名医工作室、正规公立医院签订合作协议，医院开通特诊"绿色通道""复学门诊""医教、医患沟通平台"等，面向全区提供医教协同渠道，充分发挥医教协同优势，最大程度为家庭就医提供方便，为家长提供指导。

（一）第一个创新实践策略是精准转介，提质高效

1.聘请专业医生作为工作室心理健康指导专家

在此之前，学校转介就医效率偏低，其中一个原因就是家长就医问诊难，门诊号源紧张。工作室与广州医科大学附属第三医院心理科、广东省人民医院临床心理科、广州医科大学附属脑科医院建立医教协同，聘请周伯荣主任、崔英医生、刘海洪医生、戴嘉敏医生、李婷医生、张若曦医生作为工作室心理健康指导专家。

2.医教协同协议主要内容

（1）开设学生就医"绿色通道"，提高转介学生就诊和干预的效率。为解决学生就医问诊难的问题，可开辟学生就医诊疗"绿色通道"，凭中小学学校的"转介信"为转介学生提供门诊挂号、心理咨询、住院治疗等便利，确保患有严重心理问题和心理危机的学生第一时间就医，避免家长盲目就医或盲目寻求心理咨询。

（2）开设学生"复学门诊"，为因心理疾病休学后准备复学的学生提供康复诊断、心理护理等帮助，指导学校有针对性地调整心理疾病学生的学习任务，建立心理帮扶小组，联合家庭的支持配合等。

（3）医教双方开展"医教协同主题研修"，心理医生定期面向工作室心理老师开展精神卫生知识科普、个案督导、主题讲座等研修交流活动，融通医院、学校资源，进一步加强心理健康服务深度。工作室为每位医生设计了专属的转介信，并且搭建了医教医患的沟通平台。

（二）第二个创新实践策略是医教研修引领成长

邀请专业的精神科医生对心理老师、班主任进行精神卫生知识和心育技能培训，普及精神卫生知识，分享评估访谈经验，提升心育技能培训，切实提高心理教师和德育队伍的心育专业素养。提供心理教师医院进修跟岗的机会，让心理老师更多地了解心理医生的诊断流程，掌握更为专业的心理评估诊断知识，促进医教之间的沟通衔接。

图1-4-2　医教研修引领成长

（三）第三个创新实践策略是家校合作双向赋能

首先，工作室聘请专家指导工作室成员——校心理教师如何与家长开展协同工作，区域各个成员学校邀请各路专家对学校的教师进行心育技能的培训。其次，工作室成员所在学校聘请专家作为学校家庭教育指导顾问，心理老师开设各类亲子主题的家长赋能工作坊，提供一对一的家庭教育指导。

图1-4-3 家庭教育指导专题培训

（四）第四个创新实践策略是心育活动拓展途径

工作室成员每学年在校开展十余种心育活动，包括心理讲座、心理剧展演、心理电影展、心理漫画展、心理知识展、心理团辅等，多途径、多角度促进学生心理健康水平提升。

图1-4-4　青春期心理健康知识讲座

第五章　"校家医三位一体"学校心理健康服务模式的实践成效

心理健康是影响经济社会发展的重大公共卫生问题和社会问题，党的二十大报告指出，要深入开展健康中国行动，重视心理健康和精神卫生。针对学校心理健康教育工作，国家的相关政策和文件支持学校和医院协同联动，并提出了有关举措和要求。2023年4月，教育部等十七部门联合印发《全面加强和改进新时代学生心理健康工作专项行动计划（2023—2025年）》；2023年9月18日，广州市政府常务会议审议通过《广州市中小学生心理健康促进条例（草案）》；广州市教育局联合广州市卫生健康委员会发布《关于推进建立中小学生心理危机转介"绿色通道"的通知》，提出学校与家庭、精神卫生医疗机构等建立健全协同机制，畅通预防转介干预就医通道，促进教育、医疗、家庭三方资源共享，全面培养中小学生良好心理素质。针对以上背景情况和国家政策要求，研究构建新型"校家医三位一体"学校心理健康服务模式势在必行。

"校家医三位一体"学校心理健康服务模式的建构和实施，首先需要根据本校实际情况，将校家医三方资源有机整合，设置联动工作机制，打通三者之间的壁垒；其次加强对教师、家长、心理委员的培训，帮助心育团队成员提升心育技能；再次扎实做好学校心育各项常规工作，特别要落实转介后的跟踪服务，保障长效；最后重视经验的总结和案例的积累，及时转化为论文、课题等可迁移推广的成果材料。

一、融通医生教师资源队伍，提升学校心理健康服务水平

为了提升学校心理健康服务水平，融通医生和教师资源队伍是一个重要的策略。加强教育部门与卫生健康部门的协同联动，建立精神卫生医疗机构对学校心理健康教育及心理危机干预的支持协作机制。提升教师心理健康育人能力，加强对全体教师的心理健康知识普及，完善教师心理健康培训体系。

例如，广州市黄埔区丁一杰名师工作室与广州医科大学附属第三医院心理科的周伯荣、崔英医生，广东省人民医院临床心理科的刘海洪、戴嘉敏医生，广州医科大学附属脑科医院的李婷医生、张若曦医生签订医教协同合作协议，打通学校心理健康服务"最后一公里"。医教协同模式在处理学校高危学生心理健康问题时，提供了一个有效的框架。心理老师通过观察、评估和学生自报等方式，及时发现可能存在心理健康问题的学生，做好及时识别、转介和回校后的心理支持工作。心理医生对学生进行专业的鉴别诊断，确定心理问题的类型和严重程度，并开展相应的治疗计划。通过建立多渠道沟通平台，让心理医生和心理老师能够及时交流学生的情况，更新治疗进展和学生状态，共同参与学生的休学和复学评估工作，确保学生在适当的时机得到适当的支持和干预。该模式系统化的预警机制，可以对第三类心理危机学生进行密切监测，确保及时就医转介。"校家医三位一体"学校心理健康服务模式实施三年以来，第三类心理危机预警学生就医转介率接近100%。同时定期邀请心理医生和专家对心理老师和班主任进行培训，提高他们的专业知识和心育技能，使心理老师和德育队伍能够更好地理解心理健康问题，提高处理复杂心理问题的能力。

二、完善系统式家校联盟体系，将家庭教育指导落到实处

学生的偏差行为不是单独存在的，是与之相关的系统相互作用的结果，这些系统主要包括家庭、学校和社会，其中家庭系统对青少年的影响最大。

2021年10月，我国颁布了《中华人民共和国家庭教育促进法》（以下简称《促进法》），这是我国首部与家庭教育相关的法律文件，可以说是从国家层面明确家庭环境对孩子心理影响的巨大作用。《促进法》中特别指出，学校需为家长和家庭教育提供合适且充分的帮扶，定期对未成年学生的父母或者其他监护人开展家庭教育培训、咨询和辅导。从法律层面让学校的家庭教育指导、亲子关系辅导合理、合法化。心理健康服务体系的建设有助于加强家校之间的沟通与合作，让家长更好地理解孩子的心理发展需求，共同为孩子的心理健康保驾护航。

以广州开发区中学开展家庭教育指导工作为例。学校系统式家校联盟体系建立后，学校心理辅导室每学期接待上百个家庭的会谈，还聘请沈家宏教授、谢永标教授作为家庭教育指导顾问，通过专业的家庭教育指导工作，为家庭教育指明方向，解决了家长和学生的困惑，改善了亲子关系。学校学生发展促进中心以广州市黄埔区丁一杰名师工作室为依托，开展家长心育培训、家长赋能工作坊，针对居家学习实际情况召开线上心理讲座、微视频学习等，受到家长和学生的广泛好评。通过培训指导，家长会更加重视孩子预警情况，多关注和倾听孩子心声，注重学校亲子沟通等先进教养方法；对于第三类预警孩子，家长能够战胜病耻感和偏见，尽快带孩子就医诊断治疗，做好监护和与医生、老师沟通的工作，并且能够降低对孩子的高期待以及改善不恰当的教养方式。

三、打造学校多途径心理健康促进活动路径，活化心理健康服务外延

多途径心理健康促进活动的意义在于它们能够从不同角度和层面上支持学生的心理健康，帮助他们建立更强的心理韧性和提升应对生活挑战的能力。通过多种途径提供心理健康支持，可以确保接触到不同背景和需求的学生。定期的心理健康测评和预警系统有助于早期发现学生潜在的心理问题，从而及时进行干预。通过教育课程和宣传活动，提高学生对心理健康问题的认识，减少对心理疾病的污名化；开展团体辅导，教授学生实用的社交和情绪管理技能，如沟通、冲突解决和压力管理；加强家校合作，确保心理健康

教育从学校延伸到家庭环境；建立心理成长档案，对学生的心理健康状况进行长期跟踪和管理；建立应急处置机制，以便在发生心理危机时能够迅速有效地响应；鼓励学生发展自助能力，建立朋辈支持网络和参与互助小组。心理健康服务能够提高学生的学校适应能力和学习效率，从而提升教育质量。通过多途径心理健康促进活动，学生能更好地管理情绪和压力，以更积极的态度面对学习和生活中的挑战。

本着"预防为主，防治结合"的心理健康服务思想，学校心育团队可以精心打造多途径心理健康促进活动路径，包括心育团队技能培训、心理委员培训、心理社团活动、毕业班团辅活动、心理健康知识展、心理绘画比赛、心理电影展、心理主题游园会、心理剧展演等，通过活化心育外延，不仅疏解了学生心理压力，而且提升了学生的心理素质。多途径心理健康促进活动内容丰富多彩，深受同学们的喜爱，活动以发展性心理健康教育与积极心理学理念为导向，宣传普及心理健康知识，营造良好心理氛围，引导学生正确认识自己、相信自己、完善自己，提升学生心理抵抗能力，培养学生积极向上的心理品质，促进学生健康成长，努力营造良好、和谐的校园氛围。

四、辐射带动乡村地区中小学校心理健康服务体系建设

乡村振兴不仅需要经济发展，还需要关注居民的心理健康和精神文化生活。心理健康服务是促进农村居民身心健康、激发乡村振兴内驱力、赋能乡村共同富裕的重要一环。加强乡村地区心理健康服务体系建设，有助于缩小城乡之间在教育和卫生服务方面的差距，推动社会公平和谐。心理健康是学生整体发展的重要组成部分，乡村地区学生可能由于特殊家庭环境和教育资源限制，更需要心理健康服务的支持，以促进他们的情感、社交和学习能力的发展。随着社会的快速发展和变迁，乡村地区的居民尤其是青少年面临着更多的心理压力和挑战。心理健康服务体系能够为他们提供必要的支持和帮助。乡村地区留守儿童现象普遍，这些儿童可能缺乏必要的家庭关爱和指导，心理健康服务能够帮助他们建立自信、乐观的态度，减少潜在的心理问题。有助于培养农村学生自尊自信、理性平和、积极向上的心态，为社会的

长期稳定和发展打下良好的基础。

心理健康服务是现代教育体系的重要组成部分,加强乡村地区心理健康服务体系建设是实现教育现代化的必然要求。以笔者于2021—2022学年参加广东省"三区"人才计划教师专项,支教梅州市平远县为例。此次支教工作将"校家医三位一体"学校心理健康服务模式经验带到乡村地区,并辐射带动梅州平远县心理健康教育工作。

1.开展心育主题活动

以仁居中心小学为心育样板,根据"校家医三位一体"心理健康服务模式的"常态预防"多途径心理健康促进活动路径模型,在仁居中心小学组织开展了12项心育主题活动,多元化培护仁居中心小学学生的心育之花。活动全面覆盖了学生、教师、家长三个群体领域。

(1)面向学生主要开展常规心理健康课、心理个案辅导,组织开展心理社团、培训心理委员、开展主题心理团辅活动、举办毕业年级户外拓展活动等。

(2)面向教师主要开展学生心理危机干预、心理测评、心理档案建设、教师赋能工作坊、班主任心育技能、家庭会谈技巧、教师潜意识图卡应用等培训,以及教师赋能工作坊的建设与应用和心理主题班会课示范等。

(3)面向家长主要开展家庭教育指导系列培训,即"优势教养""家校合作,协同共育""校家医协同育人,共筑心育护航梯队"等培训讲座。

2.指导平远县未成年人心理援助站工作

平远县未成年人心理援助站由当地教育局牵头成立,旨在加强未成年人心理健康教育和服务工作,建立健全心理健康服务体系。其职能包括开展心理健康教育、监测,提供心理咨询和辅导、危机干预、家庭教育指导等。2021年,平远县未成年人心理援助中心正处于起步阶段,根据全县实际情况,以"校家医三位一体"心理健康服务模式的"及时干预"协同工作模式流程为指导,为县未成年人心理援助中心提供建设思路和资源。通过引进广州市教育研究院专家团队、区名师工作室专家团队、省人民医院专家心理医生团队等,定期开展线上主题研修活动,并且为平远县未成年人心理健康教育提供和分享医疗机构、心理咨询机构、生涯指导、专家讲座等资源。

3.开展平远县心理健康教育研讨交流会

由平远县教育局主办、平远县仁居中心小学承办全县中小学心理健康教育研讨交流活动，参会成员包括全县中小学专兼职心理教师、县未成年人心理援助站志愿者、刘惠珍名师工作室成员等。交流会上，参会人员根据仁居中心小学心理健康教育工作报告，就开展乡村心育活动的痛点难点进行交流。并且笔者作了题为《从家庭关系视角解读孩子的偏差行为》主题讲座，旨在帮助心育工作者理解家庭对孩子心理健康的影响，以及家庭教育指导需要注意的方面。通过开展心理健康教育研讨交流会，树立以学生为本的理念，将心理教育技能用于心育工作过程中，做好学生心理健康教育工作，尽到心理教育工作者的职责，切实提高学生的心理素质。笔者的优秀支教事迹被《平远教育报》报道（图1-5-1），并被评为优秀支教教师。

图1-5-1　　《平远教育报》报道笔者优秀支教事迹

五、注重经验的总结和案例的积累，生成转化硕果累累

"校家医三位一体"学校心理健康服务模式优势非常突出，成功建立了医院、学校、家庭之间有效沟通的工作路径。医校协作提升了危机干预效率，家校协作优化了心理危机支持系统，能有效应对学校心育工作过程中存在的就医难、家长不配合等问题。"校家医三位一体"学校心理健康服务模式成功细化了心理教师在日常心育工作过程中遇到的困难并提出了相应的解决方案、

注意事项，明确梳理了学校心理教师对危重点学生进行转介就医的一般流程，操作清晰、灵活。并且成功开展了医学转介后家庭的一对一家庭教育指导，搭建医患沟通平台，为后续跟踪工作提供了切实有效的指引和帮助，具有一定的实效性、前瞻性和发展性，能为后续的同类研究实践提供借鉴和参考，能进一步加强心理健康服务的深度。

在经验总结和成果转化方面，以笔者的名师工作室为例。三年来，工作室围绕"校家医三位一体"心理健康服务模式，共发表10多篇学术论文，主持和参与了6项课题，师生获奖20余项。其中，"校家医协同合作，筑心育护航梯队"中的案例被评为广州市教育综合改革典型案例一等奖。工作室共承担讲座公开课30余次，媒体报道活动40余次，辐射带动乡村支教地区，累计受益学生上万人。"校家医三位一体"模式是对心理健康服务模式的探索和深耕，旨在落实"儿童青少年心理健康行动"的核心内容，践行"医教结合"心理康复模式，推动区域校家医联动机制的建立，筑牢三位一体心育护航梯队，全面培养学生良好心理素质，塑造学生健康的心理与健全的人格，有效提升学校心理健康服务质量。

图1-5-2 2023年教育综合改革典型案例征评一等奖

下 篇

『校家医三位一体』学校心理健康服务模式的典型案例

第一章　转介就医前干预性辅导案例

学校心理老师不仅要站稳讲台，还要善于做学生的心理辅导工作。个案辅导可以帮助学生解决学习、生活、人际关系等方面的问题，提高他们的生活质量和幸福感。通过个案辅导，学生可以更好地了解自己，发现自己的优点和不足，从而促进自我认知和个人成长。更重要的是，通过个案辅导，可以及时发现和处理学生的心理问题，预防和减少心理疾病的发生。

根据精神卫生法规定，学校心理老师可以对一般心理问题、严重心理问题的学生进行一对一个案辅导。个案辅导的胜任力至关重要，涉及专业技能和个人素质等多个方面。在专业技能上，心理老师需要具备心理辅导方面的能力，包括掌握学生心理状况的基本访谈与评估能力，以及熟练应用某种技术流派进行心理问题干预的能力。在个人素质方面，心理老师需要具备良好的自我认知和情绪管理能力，能够理解和接纳学生的情感和需求，同时也要有足够的耐心和同理心，以便更好地帮助学生解决问题。

心理老师个案辅导胜任力需要通过持续的专业培训和实践经验积累来提升，个案辅导的良好效果往往需要与其他教师或家长进行合作。因此，心理老师还需要有较强的沟通协调能力和团队合作精神，共同为学生提供支持。

第一节 情绪调适实操案例

如果你因失去了太阳而流泪，

那么你也将失去群星了。

——泰戈尔

把来访学生带到没有问题的地方
——移空技术在学校心理辅导中的应用实践

在平时的学校心理辅导工作中会发现，很多学生过分关注症状对自己的影响，尤其是一些因身心疾病所带来的躯体化症状，严重影响学生正常的学习和生活，有些学生甚至因为不能接纳症状的存在而拒学、自伤。

一、跳出问题框架

现代各流派心理治疗大都采取问题取向，以解决问题为目标，探究来访者问题的成因、行为模式、思维模式等。但在学校心理辅导实践中，很多求助学生主诉问题和症状对其的影响，这是中了问题的"第一支箭"，而对问题和症状的不良认知、感受和应对策略（排斥、逃避、对抗等）则是中了问题的"第二支箭"。来访学生自身很少能意识到这一点，总会陷在问题的漩涡中无法自拔。

因学校心理辅导老师资源有限，不可能对来访学生进行长期的心理辅导，而学生的问题多为发展性问题，其成因有复杂的家庭环境、成长经历、个人人格特质等。因此，跳出问题框架，不纠结于解决问题本身，而是以缓解症状，拉近与来访学生的距离，降低症状对来访学生的影响作为学校心理辅导的实际工作目标。

二、践行身心合一

身心合一是我国传统文化中重要的理念之一。心理上的很多问题在身体上的反应视为心理问题的躯体化症状，如比较常见的因为焦虑而产生的头晕、气短、心悸、失眠等身体症状。越来越多的心理疗法诸如正念减压疗法、接纳承诺疗法等都将人与问题拉开距离，把改善身心症状作为目标。移空技术是一项践行我国传统文化身心合一理念的本土化心理治疗方法，其作用机制也涉及生理方面，尤其是静态作业阶段的三调放松，即调身、调息、调心。来访学生通过多次的练习，使身心成为一个有机的整体，从而得到全面的放松平静。

三、个案概况

小灵，女，12岁，六年级。家中排行老大，有一个比自己小11岁的弟弟。小灵自述，从五年级开始觉得父母总是不信任自己，自己的情绪变得很难控制，易激惹，总是觉得很压抑，愤怒时经常有心痛的症状，非常难受。这严重影响了亲子关系，她很困扰，主动求助。

四、移空技术应用于学校心理辅导的两阶段十步骤具体操作

根据小灵描述的情况，她的身心问题比较突出。身体的症状加重了她对问题的消极看法，甚至觉得自己心脏有问题，妈妈曾带她去医院检查心脏，排除了她患有器质性疾病的可能性。在与小灵建立了良好的咨访关系后，针对这样的情况，非常适合用移空技术减轻来访学生的身心症状，让她回到正常的生活中来。具体操作如下：

1.静态作业阶段（5个步骤）

（1）三调放松

首先，让小灵端正坐姿，双脚平放在地面，双手放在膝盖上，挺直后背，不要僵直，轻柔地闭上眼睛。先做几次缓慢的深呼吸，用鼻子吸气，用

嘴巴呼气；再调整回正常的呼吸，用鼻子呼气，用鼻子吸气，伴随着呼吸，把头脑中的一切想法念头随呼气排出脑海之外。从调身、调息再到调心，大约需要5分钟。

（2）确定靶症状及对身心的影响程度

靶症状通常为负性感受，包括心理症状和身体症状两个部分。根据小灵自述，确定她的心理症状主要是愤怒，身体症状主要是心痛。让小灵就靶症状对身心的干扰程度进行打分，最严重为10分，她打了8分。（这里要注意，不是对靶症状本身的严重程度打分。）

（3）观想靶症状的象征物

慢慢引导小灵想象那个愤怒带来的心痛感受如果用一个具体的事物代表可能会是什么，如果有形状是什么形状，如果有颜色是什么颜色，大小如何，质地如何，光泽如何，气味如何，等等。尽量让她具体观想出靶症状的象征物。小灵描述的象征物是一块灰色的石头，很硬，大概有拳头那么大，没有光泽度，没有气味，并给它命名为灰石。

（4）观想象征物的承载物

接着，引导小灵观想，如果有一个承载物非常适合放置这个灰石，这个承载物会是什么物体，请她尽量具体地描述。小灵想了一会儿说，是一个黄色的木盒子，有盖子，给它命名为黄木。

（5）填写记录纸A

观想结束后，请小灵把象征物灰石和承载物黄木都详细画在记录纸A上。见图2-1-1。

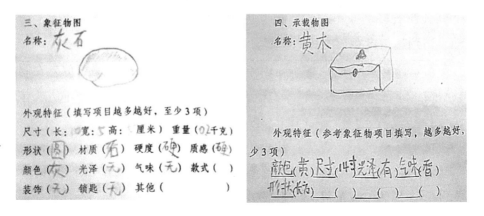

图2-1-1 小灵绘制的象征物"灰石"和承载物"黄木"

2.动态作业阶段（5个步骤）

（1）三调放松

在动态作业阶段，首先依然是三调放松。让小灵端正坐姿，双脚平放在地面，双手放在膝盖上，挺直后背，不要僵直，轻柔地闭上眼睛。先做几次缓慢的深呼吸，用鼻子吸气，用嘴巴呼气，再调整回正常的呼吸，用鼻子呼气，用鼻子吸气。伴随着呼吸，把头脑中的一切想法念头随呼气排出脑海之外。从调身、调息再到调心，大约需要5分钟。

（2）将象征物置于承载物

接着，让小灵花一些时间仔细把象征物"灰石"和承载物"黄木"打扫清洗一下。她选择用清水冲洗"灰石"，用抹布擦拭"黄木"，她一步一步描述清洗打扫它们的过程，看得出来她是一个细心的女孩。清洗结束后，让她把"灰石"放置在"黄木"里。为了放置得安稳妥当，不让"灰石"在"黄木"里随意移动，空隙的地方都用气泡纸填充好，并盖好盖子。当询问她是否需要上锁时，她说不用，盖好扣住就行了。

（3）移动置放了象征物的承载物

接下来，进行移空技术中最核心的部分——移动。移动分为初始移动、可见移动和超距移动。在移动的过程中，需告知小灵跟着引导语做即可，但是在移动的时候一定要注意要在与视线齐平的心理视野里面移动，不要上下或者左右移动，不要看任何其他的景物，如果担心被干扰就闭上眼睛移动，当到达指定距离时可以抬起食指来表示。小灵表示明白。

在初始移动阶段，让小灵闭上眼睛，花一点时间，仔细观察放置在眼前的移动物（放进"黄木"的"灰石"），接着，让移动物在视野正前方，按照移动至1米—3米—1米—眼前的顺序进行移动，如此重复两次。

在可见移动阶段，首先，让小灵将移动物在平行视野中反复移动10余次，让她感觉一下有没有哪个位置距离是感到舒服的，确定一个最佳距离。小灵表示10米的位置最舒服，是最佳距离。接着，让她将移动物移至最远的一个位置，使之看上去只有一个点那么大，再远就看不见了，以此确定最远距离。在这个过程中，要反复尝试，如5米—10米—20米—30米—50米—40米—100米—150米等。小灵表示超过150米就看不见了，是最远距离。确定好小灵移动阶段的最佳距离和最远距离，为下一阶段做准备。

在超距移动阶段，让小灵将移动物移至无穷远，使之消失不见。在这个过程中，也是不断地递进距离，如150米（确定的最远距离）—500米—1000米—5000米—任意超远距离乃至无穷远。在这个过程中，小灵将移动物移动到无穷远有一些困难，需要引导她再次进行三调放松后继续。第二次移动，小灵顺利到达无穷远。接着，在此处引导小灵停留，体会安静、无杂念的放空状态。这个停留非常重要，是把来访者带到了没有问题的地方，有明显的心理治疗作用。稍后，询问小灵是否觉得移动物还在，她表示已经不在了。当再次询问她是否希望移动物回来时，她说想看看它们现在变成什么样了。于是，将移动物逐渐移回，如无穷远—1000米—500米—100米—50米—20米—10米—眼前。

（4）移回后象征物、承载物的变化评估疗效

移回移动物后，让小灵先仔细观察承载物黄木有什么变化，小灵说黄木颜色变深了，像个古董，给它命名为"古木"。接着，让小灵观想打开"古木"，看看"灰石"有什么变化。小灵打开盖子，莞尔一笑，说"灰石"变成红宝石了，好漂亮，并给它命名为"红宝"。最后询问小灵目前的身心感受如何。小灵说感觉挺轻松的，并且喜欢这个"红宝"。于是，让小灵打分评估靶

症状对她身心的影响程度，她打分3分。

（5）填写记录纸B

观想结束后，请小灵把象征物"红宝"和承载物"古木"都详细画在记录纸B上。见图2-1-2。

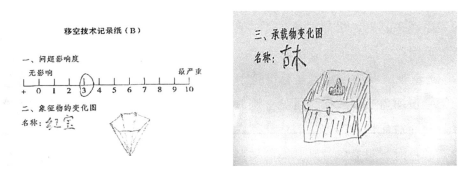

图2-1-2 小灵绘制的象征物"红宝"和承载物"古木"

五、评估与反馈

移空技术的评估分为定性的评估和定量的评估。

1.定性的评估

承载物空了，象征物消失，表示症状影响消除；象征物和承载物改变大小、形状，表示症状影响削弱；象征物、承载物变为其他物品种类，表示症状影响性质改变。根据小灵的描述反馈，承载物和象征物都改变了性状，代表症状影响的性质改变，并且她感觉轻松了许多，无压抑感。通过后续几周跟踪反馈，小灵的易激惹情况明显改善，心痛的症状不再出现。

2.定量的评估

主要以来访者主观身心影响感受打分为依据，初始分数为0～10中的任意数，再评分数为0代表痊愈；初始分数为7，再评分数为3及以下代表显效，5及以下代表有效；初始分数为8～9，再评分数为4及以下代表显效，6及以下代表有效；初始分数为10，再评分数为5及以下代表显效，7及以下代表有效。小灵的初始分数是8，再评分数是3，定量评估结果为显效。

六、移空技术辅导情绪问题的实践经验

1.根据实际分析来访学生身心情况，确认是否适合使用移空技术。从小灵的自述中可以看出，小灵出现身心症状刚好是弟弟出生的那一年，她开始感到父母不信任她，积压了很多愤怒，渐渐地变得易激惹，脾气大，和家人的关系越来越差，愤怒时产生了心痛的躯体症状，是非常典型的身心问题，所以运用移空技术非常适合。

2.重视三调放松过程是移空技术显效的前提条件。静态作业与动态作业的第一步均为三调放松，可见三调放松的重要性。三调放松可以使来访学生平静地面对症状的存在，与症状待在一起，不逃避不对抗。当我引导小灵做三调放松时，明显感觉她紧绷的神经慢慢放松下来，本来紧锁的眉头舒展开来，呼吸变得缓慢而深长，整个人都沉静下来了。这对于初次尝试三调放松的小灵来说是很不错的一次体验，如果要有更好的放松效果，需要持之以恒练习，方能达到身心统一的平静放松。

3.观想出来的象征物和承载物要准确鲜明。在辅导中，靶症状被观想为象征物时，心理辅导老师要通过多方面的提问来激发来访学生的想象力，比如形状、颜色、大小、质地、光泽等。还需要判断，如果象征物是不可移动的物体时要替换成可以被移动的物体。在观想承载物时，同样要通过多方面的提问来激发来访学生的想象力，并且要提醒来访学生，承载物和象征物要匹配，承载物要能够安稳放置象征物。小灵观想出来的象征物"灰石"和承载物"黄木"都是比较匹配的移动物。

4.进展移动的核心技术不可操之过急。三个阶段的移动是移空技术最核心的操作步骤，也是用时最长的步骤。在这个过程中可能会出现各种情况，比如来访学生无法确定最佳距离、最远距离，甚至无法达到无穷远的空境；或在某一个距离位置上停滞卡壳；或来访学生出现情绪波动等。这个时候不能急于推进下一步骤，而是要对来访学生加做三调放松，以稳定来访学生的身心状态。在超距移动阶段，让小灵将移动物逐渐移至无穷远，使之消失不见的过程中，小灵一度觉得那个移动物很难移到无穷远，她总是可以看见

它，并且行为开始稍显急躁。这个时候，继续引导她做三调放松，再次回到超距移动的起始，直至移至无穷远。这一次，她成功到达了空境，并在空境中停留，感受着平静和放松。

总之，移空技术应用于学校心理辅导是非常实用和显效的，其最大的特点就是单次有效，可以最大限度解决学校心理辅导资源不足的问题。其中，三调放松的操作步骤是可以让来访学生自己在家练习和体验的自助心理调适方法，可以使来访学生自我调节的行动能力得以发挥，提升自我效能感，把来访学生真正带到没有问题的地方。

飓风于无路之中寻求最短之路，
又突然地在"无何有之国"终止了它的寻求。

——泰戈尔

平息内心的风暴
——运用DBT对情绪失调学生的理解和干预实践

在与多个情绪失调的来访学生深入面谈后可以发现，他们中大多数从小没有得到养育者的深度共情，表达的情绪通常不被认可，甚至不允许表达感受。久而久之，造成他们必须要用夸张、极端的高唤起方式表达情绪，以引起足够的关注，满足自己的需要。面对情绪失调的来访学生，如何降低他们的情绪高唤起模式，让他们压抑的内在感受尽情地表达出来，用恰当的方式满足自己的心理需求，减少有害行为带给自己和他人的伤害。在学校心理辅导实践中，辩证行为疗法（DBT）是改善情绪失调最有效的方法之一，能有效平息来访学生内心的风暴。

DBT当中的STOP技术、相反行动技术、人际效能技术能够有效调节来访学生情绪失调状况，改善人际关系、学习功能和整体学习生活质量。

一、STOP技术

在没有经过深思熟虑就对某事作出无意识的反应时，最具破坏性的情绪就会出现。保持对自己的感受、想法和行为的意识，可以帮助锚定自己的情绪。

小梓的人际关系极度敏感，同学关系紧张，经常因为同学的一个举动或者一句话就勃然大怒。事后他又非常懊恼，觉得自己不应该这样，也能反思出很多更好的解决方法。这种情况的来访学生非常适合练习DBT的STOP技术。

第一个步骤S（Stop），对自己喊停。小梓有意识地对自己喊停，避免无意识的破坏性反应。

第二个步骤T（Take a Breath），深呼吸。小梓闭上眼睛做三次深呼吸，调节植物神经应答节奏，让自己放松一点。

第三个步骤O（Observe），觉察情绪。小梓定位此时情绪所在的身体位置和体会情绪带给自己身体和心理的感受，与情绪共处，锚定情绪。

第四个步骤P（Proceed），继续做有意义的行动。小梓离开冲突现场，去做其他事情，比如找老师倾诉。

小梓高应激和夸张的情绪表达源自从小父母对他情绪表达的不认同、不涵容。通过家庭教育指导，父母对小梓情绪的涵容度得到了很大改善，经过多次STOP技术练习和实际操作，小梓已经可以有意识地锚定情绪，不那么容易被情绪风暴裹挟了。

二、相反行动技术

处于强烈情绪中的人，基本上都会做出想法与事实相反的事情。比如你很想融入社交场合，但又感到焦虑，你知道焦虑正在妨碍你交朋友，可是你无法让焦虑减轻，你表现得很不自然，最后甚至回避社交。这种情况就可以使用相反行动技术。相反行动技术的要点就是要打断循环，通过做（情绪告诉你去做的冲动行为）相反的事，来降低感受的强度。

小彭自述每次和同学交流，都会有强烈的紧张感。他很想表达清楚自己的想法，但是因为紧张，每次和同学说话的声音反而很小，对方完全听不清他讲的内容，严重影响正常交往。这种情况的来访学生非常适合练习DBT的相反行动技术。

针对小彭的情况，可以先通过深呼吸，放松下来，然后刻意提高音量讲话，一开始可能会不自然，但坚持练习，让自己的耳朵成为音量的衡量器，判断讲话的声音是否恰当，也可以询问对方是否听清，获得及时反馈。

小彭通过和父母、心理老师进行多次练习，获得了用耳朵衡量音量的经验，在和同学交流的时候，刻意提高音量，达到耳朵感知到的恰当音量。从多位同学的反馈来看，小彭讲话声音变大了，交流也更顺畅了。

三、人际效能技术

人际交往中，敢于就冲突或矛盾进行协商谈判而又不破坏人际关系的能力是非常重要的，处于情绪风暴中的人们通常会因矛盾激化导致谈判破裂，人际关系被破坏。人际效能技术（DEAR MAN）七步骤，可以帮助来访学生清楚描述自己的意图，表达需求，用协商的方式解决问题。

小图与父亲因为手机而冲突非常激烈，最严重的时候父子之间提刀相向，小图甚至扬言要砍死父亲。在与小图父亲的会谈中发现，他的教育方式比较简单粗暴，会直接收缴手机，完全不给小图使用。这种情况的来访家庭非常适合练习DBT的人际效能技术。

第一步：D（Describe）描述事实。不夸张也不缩小、不翻旧账地陈述，只是纯粹地描述当时当地发生了什么。

父亲：小图周末不写作业，一直玩手机游戏，提醒也不停下来。我就上前直接收缴手机，孩子立马冲进厨房，拿起菜刀，指着我说要砍死我。

小图：我正在打一局游戏，中途退出会连累队友扣分，我不想连累朋友。我爸根本不给我时间缓冲，一把抢走手机。我非常气愤，就冲进厨房，拿起菜刀，指着他。

第二步：E（Express）表达想法和感受，最好是用"我"作为主语来表达。

父亲：我感到非常震惊和愤怒。

小图：我感到非常愤怒，快爆炸了！

第三步：A（Assert）明确提出需求。这里要注意，不是命令对方，也不是卑微地祈求，可以用"我希望"这个句式来表达，而不是"你最好"或者"我要你"。

父亲：我希望小图可以控制游戏时间，多花心思在学习上。

小图：我希望爸爸能给我一定的游戏时间，而不是完全不给我玩。

第四步：R（Reinforce）（加强）鼓励对方。如果对方尽力去满足你的需求，我们也需要给出正向反馈，用"如果你这么做了，那么我会……"这个句式来表达。让对方知道他（她）的努力会有一个好结果。

父亲：如果小图这样做了，那么我会在周末给他一定的游戏时间，不会完全不给他玩。

小图：如果爸爸这样做了，我会在周末先做作业，再玩游戏。

第五步：M（Mindfulness）集中注意。第一次尝试这样的沟通，对方的态度很难彻底改变，对方可能会打岔，会转移话题，或者陷在情绪宣泄中。这时候，要顶住压力，不要被带跑，重复刚刚说的加强鼓励的话。

父亲：你每次都说先做作业再玩，但是你一玩就收不住，我能不生气吗？

小图：爸爸，你再相信我一次，我这次是很认真地对待玩手机的问题，只要你给我玩的时间，不彻底限制我，我一定会先做作业的。

第六步：A（Appear Confident）展现自信。这里要注意，眼神坚定且友善，语气平稳而温和。时刻提醒自己，我的需求是正当的，是值得被回应的。

小图说这番话时，语气平和，眼神坚定，父亲感受到了他的决心，愿意继续与小图协商玩手机的时间安排。

第七步：N（Negotiate）协商。并不是我们的所有需求都会被满足，也要允许对方讲出自己的条件。通过协商，达成一个双方满意的解决方案才是最具建设性的。

父亲：小图，那你说爸爸要给你多少时间玩手机呢？

小图：周一至周四放学后，我在学校晚修结束就已经写完作业，回到家可以玩半小时再睡觉吗？另外，周五放学后和周六、周日每天有两个小时玩手机的时间可以吗？

父亲：周一至周四晚修结束，回到家已经很晚了，还要冲凉，再玩半小时手机就太晚了。所以周一至周四不要玩手机，周五、周六、周日各有一个小时的玩手机时间就可以了吧。

小图：爸爸，周五放学玩一个小时可以，周六、周日我还是希望可以有两个小时。

父亲：行吧，先这样协商，我们尝试实施一下。

四、辩证行为疗法辅导情绪问题的实践经验

1.运用DBT理解来访学生的情绪功能

运用DBT理解来访学生的情绪功能，从表层情绪追踪到情绪来源，打破情绪失调的恶性循环。让学生看到自己情绪背后的功能和意义以及自己内在的真实需要，看见即疗愈。

2.运用DBT干预

运用DBT干预情绪失调，需灵活使用稳定情绪的小技巧，通过有效地转化情绪来获得帮助，解决问题。特别需要提醒来访学生的是，所有的技巧发挥的效果都不是一蹴而就的，需要不断练习。

3.调动人际效能

这里的人际效能既包含心理老师与来访学生的关系，也包括来访学生与家庭的关系。因为在系统的层面，问题不是孤立存在的，是与来访学生所在系统相互作用的结果。通过人际效能技术，扰动不良互动关系模式，达到促进问题改善的效果。"DEAR MAN 沟通法"，可以有效地解决问题本身，不让一件小事发酵成引起负面情绪的恶性循环。当此方法运用在来访学生身上的时候，需要特别提醒家长，注意语气和眼神要温柔且坚定，不能太严厉，要给孩子表达的空间，让孩子参与到协商方案的过程中来。

我说不出这心为什么那样默默地颓丧着，

是为了它那不曾要求、不曾知道、不曾记得的小小的需要。

——泰戈尔

读懂留守儿童的内在语言
——运用情绪聚焦疗法对留守儿童情绪问题的干预实践

亲情的抚慰与关怀对孩子的成长起着至关重要的作用。小学年龄段的留守儿童正处于身心迅速发展的关键时期，对自身与人际交往等方面有着自己的理解与认识，同时也面临许多方面的问题和烦恼，需要有渠道倾诉，有亲人安慰。我在梅州市平远县一所村镇小学支教期间，发现村镇很多留守儿童心理状况不佳，突出表现在情绪问题上。由于父母长期不在身边，留守儿童普遍疏于管教和缺乏关爱，因由爷爷奶奶或者其他亲戚抚养，他们情绪容易波动，处事比较偏激，对学习缺乏动机，学习习惯较差，学习成绩普遍落后，有一定的问题行为，如扰乱课堂秩序、人际交往困难等。这些问题只是表象，寻求深层情感联结和关注才是留守儿童内心深层的渴望。

梅州市平远县的村镇小学，留守儿童比例大概是17%。根据大量的访谈和班主任的反馈，大约90%的留守儿童在谈及父母与自己关系的时候，会不同程度上表现出失落、悲伤和忧郁。他们会经常觉得父母、老师和同学不理解自己、不接纳自己，在集体中没有得到认可，被边缘化。通过运用情绪聚焦疗法（EFT）对留守儿童情绪问题进行实践干预，经过多个个案的辅导，效果反馈突出。

一、个案概况

小楚，男，11岁，五年级，父母在其1岁时外出打工，由爷爷奶奶抚养长大，目前留守10年，父母会在过年的时候返回乡下看望他。据班主任反映，小楚从一年级开始，不听老师教导，经常和同学发生争执，拿别人东西、打架、推搡的情况经常发生。小楚上课时经常随意讲话，被老师批评或者被同学激惹后，情绪变得激动愤怒，双手紧攥，全身紧绷，眼睛怒视对方，经常会通过击打教室门、课桌等物品发泄愤怒。

二、运用情绪聚焦疗法（EFT）对留守儿童情绪问题进行实践干预

第一阶段：反映负向互动循环。

第一步：用同理心建立安全咨访关系。

小楚是由班主任推介来我这里的。初见到他，个子不高，皮肤黝黑，一言不发，眼神里略带着些警惕。我告诉他，我是今年来这里支教的心理老师。他眼睛里忽然闪出一些亮光，问我从哪里过来，我说广州。小楚高兴地说，他的父母就在广州打工。我对他说，可以玩一个好奇访问的游戏吗？我们第一次见面，我会询问他一些问题，如果愿意回答，就一定要说真话，如果不愿意回答，可以说无可奉告。于是，第一次见面，我就在和小楚进行好奇访问的过程中逐步了解他。当小楚谈及父母话题时情绪变得很低落，我马上用同理反映、同理肯定来接住他，咨访关系迅速建立。

第二步：寻求冲突事件下的问题根源，找出负性互动循环。

小楚告诉我，他最讨厌别人激惹他，如果没有人激惹他，他的情绪还是挺稳定的。但是一旦面对冲突事件，他自己也控制不了自己的情绪，会变得疯狂，乱砸东西，老师和同学都有点怕他，都不喜欢他。我询问小楚，最早开始这样的情况是什么时候？小楚想了想告诉我，大约是幼儿园的时候。我询问他，可以描述一下幼儿园的时候印象最深的一次发火吗？小楚回忆，大概是5岁时，幼儿园同学拿了他的东西，他勃然大怒，打了那个同学，后来被老师批评，罚站，自己当时非常气愤，感觉自己快爆炸了。因此，我们可

以理出小楚在冲突事件下的负性互动循环：他人激惹—勃然大怒—打人毁物—被批评指责—气愤至极。

第三步：接触隐藏在互动模式下的深层情绪。

当厘清负性互动模式后，小楚若有所思。我问他，你觉得这个模式是怎样一直运作的？如果有一个环节可以打破这个循环，你觉得是什么？小楚想了想，告诉我应该从别人激惹他，他不用勃然大怒那里打断。我问他，愤怒的背后其实是什么？你内心有什么渴望吗？

小楚说，他很小的时候，就渴望父母在身边。每次父母离家，他都表现得特别愤怒，觉得父母不在意自己，内在的渴望就是父母的关爱和在意。

我告诉小楚，由于父母在他1岁的时候就外出打工，没有陪伴在他的身边，他与父母形成不安全的依恋关系，焦虑矛盾型的不安全依恋会提高情绪强度的行为，情绪表现为暴躁、指责、易激惹、攻击他人。当小楚被别人激惹，他会解读为自己被欺负、被孤立、自己是不受人欢迎的。这会激发他深层的恐惧、害怕、痛苦、无助情绪，而表层情绪经过调节处理就会以暴怒、指责、攻击的方式呈现出来。

第四步：重新界定负性循环、深层情绪以及未满足的依恋需要之下衍生出的问题。

我首先告诉小楚，你的情绪问题不是你的错。这句话，让小楚非常感动。一直以来，周围的人都在指责他不懂事，不听话，没有人好好地倾听他内心的声音。每次打人毁物，他都受到严厉的批评和周围人的疏远，这让他既伤心又愤怒。所以负性循环一直没有被打破，不断地强迫性重复。当小楚意识到自己的愤怒源于深层的无助和害怕，源于从小对父母依恋的需要没有得到满足时，他释怀了。

第二阶段：改变负性互动循环。

第五步：探索不被自己接纳的依恋需求及自我概念，和父母分享脆弱无助。

经过以上四步的探究，小楚意识到自己对父母依恋的需求一直没有停止，他到现在为止还持有父母不在意他、他不重要的自我概念。接下来，他希望我约他的父母，准备和父母好好聊聊，把自己内心的感受告诉父母，让父母看到他的内心，倾听他的呼唤。

第六步：促进亲子双方接纳对方，用新的互动来回应。

正值十一长假，小楚的父母从广州回来，我提前结束休假，回到村小，与小楚一家三口会谈。在会谈中，我使用OH卡，让小楚把自己的全部情绪从字卡中找出来，并让父母谈谈他们对小楚这些情绪的理解。父母看到平时坚强顽皮的孩子居然有那么多无助、消极的情绪，眼泪涌了出来。他们分别对小楚道了歉，希望小楚能够体谅父母的不容易。

第七步：帮助来访者表达自己的需求，并创造新的情感联结，双方获得新的安全依恋。

小楚很懂事，他说让老师约父母，不是为了谴责父母，而是想和父母谈心，说说心里话。这么多年，父母只是给钱，没有真正和小楚心灵沟通过，小楚内心深处很想和父母亲近一些。

第三阶段：发展巩固新的模式。

第八步：协助亲子双方以新的解决方式处理旧有的关系问题。

经过会谈，小楚的父母了解了孩子的内心想法，看到了孩子的情感需要，并表示以后会尽量多回乡看小楚，平时多打电话或者视频沟通，如果有可能，让小楚初中去广州借读。

第九步：强化依恋行为中新的位置及循环。

小楚情绪的问题，源于内心依恋需要的不满足，以愤怒的情绪和攻击的行为表现出来。当父母和小楚能够建立相对安全的依恋，小楚的内在需要补足了，深层的情绪就不会那么汹涌，自然不会因他人的一点激惹就勃然大怒，打人毁物。同时，我教会小楚一些正念观呼吸的情绪调节技术，在愤怒来临的时候，先对自己喊停，同时深呼吸多次，使情绪慢慢平复，觉察此时此刻的情绪背后是什么需要，看到自己的需要，然后继续做有意义的事情，而不是打人毁物。

三、运用EFT的实践干预反思

EFT是从经验取向的角度改变内在经验，从系统理论的角度改变互动模式，简单而言就是经验取向和系统理论的整合。辅导中来访者的改变是基于情绪的改变而产生的，深层情绪的存在，是情绪改变的第一步。在对来访者的辅导过程中，笔者非常注重探究来访者的负性互动循环模式，找出强迫性重复的根源，通过联合家庭系统，积极寻找资源，重建创造性的互动方式，彻底打断负性互动循环，并教会来访者一些实用的情绪调节技术，让来访者的情绪波动在可承受的范围之内，并保持正常的认知功能。除了来访者的成功案例，笔者在这所农村小学还有多个运用EFT干预留守儿童情绪问题的成功案例，因篇幅所限，不一一叙述。

对留守儿童心理成长的关注是全社会的责任。首先，要加强家庭教育，给予留守儿童更多关爱。尤其是出外打工的父母应与孩子经常交流和沟通，除了关心孩子的生活、身体和学习外，更要注重与子女的情感交流和心理沟通，使孩子了解父母工作的辛苦，理解尊重父母，形成正确的人生观和价值观。其次，以学校教育为主导，发挥学校的教育功能。学校作为留守儿童所在地的教育机构，要完善健康教育观念，将心理健康教育作为德育教育的主要途径。学校要尽可能利用各种教育资源，开展各种形式的留守儿童心理健康教育，建立留守儿童心理健康档案和跟踪管理档案，及时了解留守儿童的总体心理健康状况，对常见的心理和行为问题，进行有针对性的干预。

有些看不见的手指，

如懒懒的微飔似的，

正在我的心上奏着潺潺的乐声。

——泰戈尔

戴着口罩的男孩

—— 沙盘游戏辅导初中生抑郁情绪应用实践

抑郁是一种持续的心境低落、悲伤、沮丧、消沉、不愉快等综合而成的情绪状态，是人们心理失调最主要和最经常出现的问题之一，每个人都有过抑郁的情绪，它就像我们的心理得了一场"感冒"。中学生比较容易出现抑郁情绪，它是中学生感到无力应对外界压力而产生的一种消极情绪。中考在即，在巨大的压力面前，有的学生感受到明显的考试焦虑，有的学生无力应对这种压力而产生抑郁情绪。我在面对一些不太喜欢用语言来表达内心的来访者或者抑郁情绪比较明显的来访者时，比较倾向使用沙盘游戏的治疗方法。

一、沙盘游戏辅导初中生抑郁情绪的案例

小江是经过班主任的介绍来找我的，班主任对我详细说了小江的情况。马上要中考了，小江最近状态很差、很消沉，在学校天天戴着口罩，不和老师同学说话，每天昏昏沉沉的，注意力很不集中。他的妈妈很担心，多次来学校看望他（小江是住宿生）。据他妈妈反映，小江在家虽然不戴口罩但是也不和家人交流，周末把自己关在房间，以前回家喜欢打会儿游戏，最近也不打了，好像对什么都提不起精神。班主任和家长都担心他无法正常参加中考，希望我能和他聊聊。

（一）第一次会谈

时间：中考倒计时五周。

第一眼见到小江，他高高瘦瘦的，但只能看到他戴着的口罩和一双充满回避情绪的眼睛。

这是一个沉默的男孩，如果你不去和他主动交流，他可以安静地坐在那里几个小时。于是我打破僵局，对他说："小江，我之前教过你们心理课，你还记得吗？"小江用无力的眼神看着我说："记得。"我说："我记得你初二的时候也来找过我一次，是和我讨论你和家长关系的问题，那个时候大家只是随便聊聊天，你还记得吗？"他幽幽地说："记得。"

面对这样一个不是主动求助的孩子，看得出他甚至对我还有些排斥。一年过去了，他的状态和初二我教他的时候变化了很多，到底是什么原因使他变成这样的呢？面对沉默的小江，我知道他根本不会像其他孩子那样一来咨询室就滔滔不绝地讲述自己的困扰，我决定用沙盘走进他的内心。

我指了指身边的沙盘，对他说："小江，这是沙盘，是一种心理疏导方式，你愿意感受一次吗？"他看了看沙盘，点了点头。我接着说："小江，你可以把手放在沙盘上面，摸摸沙子。"他站起来，走进沙盘，缓缓把手放在沙子上，慢慢地揉搓着沙子。我问他："有什么感觉？"他说："冰冰凉凉的。"我对他说："你可能有点儿奇怪，沙盘是怎么疏导心理的？其实，每个人都有一些潜意识的东西埋藏在心灵深处，平常我们觉察不出来。这些潜意识有的对我们产生好的影响，有的会对我们产生不好的影响，我们通过摆沙盘可以把潜意识激发出来，并且把不好的潜意识转化了，让我们内心变得强大。"我接着说："小江，你知道吗？每个人所遇到的心理困扰都可以比喻成一个一个的障碍，我们可以选择搬走障碍，也可以选择让自己变强大之后直接跨过障碍或者穿越障碍，沙盘的作用就是后者。"小江微微点点头。我让他把沙子扒开，露出沙盘蓝色的底，我问他："这像什么？"他说："像水。"我说："是的，如果你需要真的水，我们这里也有水可以倒在沙子上，把干沙子变成湿沙，方便塑形。"

他没有选择湿沙盘，而是径直走到沙具架前开始浏览沙具，浏览的过程很漫长，他仿佛在思考什么。我对他说："小江，把你觉得有感觉的沙具拿出来就好。"他选择好后，在沙盘上摆了很多树、花、彩石，也创造了海，并在海面摆放了船、鲸鱼。他用手掩埋了彩石和海星，最后一刻，他选择了一个坟墓，摆在了沙盘的右上角。大约用了20分钟，他摆完了，我们对沙盘做了一些探讨，我让他谈谈做沙盘的感受。他说："感觉挺平静的。"我分别对一些沙具进行了提问，在问到坟墓与花的时候，他说："美好的事物是对哀伤事物的衬托，可以让哀伤更哀伤。"

图2-1-3 小江的初始沙盘

小江的初始沙盘让我看到他内心有很多的痛苦，很多的烦恼。他摆出的很多沙具都表现出这一主题，包括搁浅的鲸鱼、掩埋的彩石、花边的坟墓等等，而他始终戴着口罩，不愿多说什么，这个口罩仿佛是他和世界的屏障，给他些许安全感。

会谈尾声，我与小江对接下来的会谈时间和方式进行了探讨，毕竟还有一个多月就要中考了，咨询的时间很紧张，最终我们约好每周一第八节课见面，预计做三次咨询（后面还有一次二模考试），以沙盘治疗为主要疏导方式，希望可以改善他目前的情绪状态，让他在中考中发挥出好的水平。第一次的会谈结束了。

会谈后，我通过小江的班主任了解了小江的具体情况。小江初一成绩非常好，考过班级第一名，还是班长。到了初二，成绩开始逐渐下降，他以搞好学习为理由，把班长一职也辞了。他本身性格就内向，不太爱与人交往，初二辞了班长之后就更加沉默了。他的家境非常富裕，父亲是成功人士，母亲全职在家，专门照顾他。他的父亲对他非常严格，经常训斥甚至打骂，母亲则非常宠爱他，对他百依百顺，但却很唠叨。不过这个孩子身上没有太多纨绔子弟的骄纵，反而非常自律。担任班长的时候就因为同班同学自习吵闹，管理不住而陷入深深的自责，觉得对不起老师的信任。他非常的敏感，别人的一点儿责备都会让他难受好几天。初二有一段时间，他喜欢打游戏，母亲虽然不赞成他打游戏，但是还给予经济支持，这一点让父亲非常恼火，夫妻俩也因为孩子的教育问题经常吵架，导致感情不和。随后我和小江的父亲取得了联系，电话中他父亲的情绪不是很稳定，一说到小江的母亲，就一肚子不满，说孩子都被宠坏了，自己本身就很忙，不想再管这个儿子了之类的气话。很明显，小江的父亲是专制型的家长，母亲则是放任型的家长。我认为，小江的性格问题多半是家庭的原因，他在父亲面前是一个非常自卑的人，父亲那么成功，还总把自己成功的经验强加在小江身上，让小江感到压力很大；母亲又太过于唠叨，什么事情都要啰唆很多遍，让小江非常烦躁。其实小江只想躲在一个安静的角落静静地做自己喜欢的事情，而这个要求是不可能被满足的。渐渐地他变得退缩了，甚至戴上口罩来隐藏自己。

（二）第二次会谈

时间：中考倒计时四周。

我没想到小江会准时来找我，这让我感受到他明显的求助动机，尽管他依然戴着口罩。落座后，我大胆地询问："你的感冒（虽然我知道不是感冒）好点儿没？"他好像笑了一下，说："上次是感冒，这次是周末走在路上被人扔刀片割到脸了。"我"假装"吃惊了一下："啊？这么危险，严重吗？"他拉了拉口罩，我看到鼻梁上果然贴了一块创口贴。我关切地对他说："洗脸的时候要小心，不要沾到水哦。"他点点头。我先让他回忆一下过去一周他印象比较深刻的梦，他对我说："有一个梦比较血腥，我梦到有个人死了，但这个人我不认识。"我询问："你记得做这个梦时的感觉吗？"他说："虽然我不认识他，但是我能感觉到悲伤。"我问他："现在你回想起来还会觉得悲伤吗？"他说："不会了。"接着，我们开始摆沙盘，我能看得出来他很喜欢摆沙盘的过程，这种安静的状态他很享受。这一次他的沙盘里出现了人物，是一个抱着头很痛苦的人，这个人的旁边有一只打着伞的狐狸。和人的对角线上有一位医生，周围还有一些植物和彩石，他用彩石铺出了道路。摆完之后，我们开始交流，我先问他摆沙盘的整体感受，他说："这次很犹豫，不知道摆什么。"我问他那个抱着头看起来很痛苦的人在想什么，他说："这个女人弹钢琴时想起死去的人，所以很痛苦，但是医生无法治疗她。"我问他："钢琴边还有一个打着伞的狐狸，他在干嘛？"他说："只有狐狸可以帮助她。"我问他："为什么？"他说："打伞给人一种被保护的感觉，打伞的狐狸可以给她帮助。我自己也喜欢打伞的感觉，很安全。"我问他："哪个沙具代表你？"他说："彩色的石头。"我注意到有两条彩石路，而其中一条彩石路刚好通往狐狸，他说打伞的狐狸是他最喜欢的沙具，而象征他自己的彩石铺出的道路刚好通往打伞的狐狸。我明显感觉到他在转化并且有自我治疗的潜意识。

图2-1-4　小江的第二次沙盘

会谈之后，我对他说："你的脸被割伤了，你觉得很难看，所以才戴口罩的吗?"他说:"也不是。"我说:"那希望下次你的脸好了,就不用戴口罩了,这样我觉得能和你更亲切一些。"他点点头。

会谈之后,我再次和他的班主任联系,询问他这一周的表现,班主任说他好像比以前开心了一点,有几天没有戴口罩了,并且看到他和同学、老师讲话,之前一段时间他是不和同学、老师交流的。我说:"现在的小江很需要大家的关心和鼓励,他父亲给他带来太大的压力,让他喘不了气,母亲的唠叨使他的情绪非常不好,他自己也知道马上要中考了,但是内心太压抑了,很多情绪无处发泄,自然静不下心来学习。"我再次和他的父亲取得联系,希望他这几个星期一定要多表扬小江,不要责备他,小江是个很自律的孩子,别人不说他都会对自己严格要求,更何况提要求的人是自己的父亲。希望小江的父亲能在心理上给小江减减压,不要再埋怨他成绩下降了。我明确告诉小江的父亲,这个阶段你越是施压,小江的心理负担越重,成绩越提不起来。小江的父亲承诺会做到。

(三)第三次会谈

时间:中考倒计时三周。

又到了咨询时间,小江按时前来,令我欣慰的是他真的没有戴口罩了(他已经戴了一个月了),他的鼻子上也没有贴创口贴。我感觉小江精神了许多,便问他:"鼻子上的伤口好了吗?"他笑一笑点点头,还没等我再询问什么,他就已经走到沙具架前面选择沙具了,我也没有阻止他,这次他摆了一个湖心岛,四面环水,大陆的部分他摆放了一些桌椅板凳,还有男孩和狗、房屋,他拿来好多花和植物把四周都种满了,湖心岛上也种了花花草草,湖心岛上还有一个门。摆完之后,我问他摆的时候的感觉,他说很想住在这里。我问他整个作品中最满意的是哪个部分,他说是家和岛的那个部分。我问他他在哪里,他说那个男孩就是他。我感受到他创建的家氛围很轻松,还有一只小狗陪伴着男孩,说明他开始有了建立关系的意识,圆形的湖心岛给我的感觉很和谐,说明他开始整合自我了。

图2-1-5　小江的第三次沙盘

摆完后我对他说："小江，按照约定这是我们最后一次咨询了，下周你要进行二模考试，我们没有时间再咨询了，不过我明显感觉你进步了，我是指情绪状态的回升，我觉得你比之前开朗了许多，你仿佛想通了一些困扰自己已久的事情，我想知道你做完三次的感受是什么？"小江说："老师，经过这三次的疏导，我好像变得轻松了。看到吵闹的同学、啰唆的妈妈也没有以前那么讨厌了，我爸最近没有怎么骂我了，他看我的眼神好像和以前不一样了。我之前完全静不下心来学习，现在比以前好一些，有些不懂的题我也敢向老师请教，以前我不敢和老师交流，总之我觉得我好多了。"我对他说："小江，其实你过去是没有及时疏导自己的负面情绪。每个人的心里都有一个情绪垃圾桶，积累的情绪垃圾多了整个人会出现各种问题，像你之前莫名的情绪低落都和这有关。所以我希望你可以学会一些清理情绪垃圾的方法，比如写出来、画出来、说出来或者运动、唱歌等。我们这三次的沙盘治疗其实就是给了你一个自我疏导和自我治疗的时间，老师其实没帮助你什么，是你自己帮助了自己，你的内心比以前强大了很多，现在的你应该可以面对二模，面对中考，面对来自各方面的压力，因为你知道自己可以承受。"小江腼腆地说："还是谢谢老师，以前没有哪一个人可以安安静静地陪伴我，和我聊天，现在我看着沙盘中的自己就觉得好开心！"他又一次望向沙盘中的男孩。

会谈后，我和他的班主任取得联系，告诉班主任我们的咨询结束了，希望他继续在接下来的这两周关注一下小江。我也和小江的父亲取得联系，告诉他小江进步很大，也不戴口罩了，整个人变得开朗了一些，希望父亲继续做好支持工作，不要在最后两周施加更多的压力给他，注意和孩子之间的边界，小江自己会知道要做些什么的。

6月13—15日，小江顺利参加了中考，考试期间我在校园碰到了他，他笑着和我打招呼，我对他说："加油！"考试结果出来后，他考了653分，超过他初三的任何一次考试的成绩，可以说是超常发挥。他的班主任和家长都来感谢我对小江的帮助，我告诉他们，我没有做什么，是小江自己帮助了自己，希望未来的小江在经历更多的风雨后，仍茁壮成长。

二、沙盘游戏辅导情绪问题的实践经验

沙盘治疗就是给来访者提供一个安全受保护的空间。上述案例中，虽然我们的咨询只进行了三次，但效果显著。对于表达受限的学生，沙盘治疗的效果更好，再加上家校的配合，双管齐下。来访者可以在沙盘室感受到安静、保护、释放、陪伴，这些都是他缺少的精神支持，再加上他本身强大的求助动机，自我治愈的作用更明显。也许我们不需要总是和来访者纠结在现实的各种问题中，当我们大家都跳出来，心理问题解决的可能性会更大。沙盘游戏辅导情绪问题的实践经验如下：

1.在刚开始进行沙盘游戏治疗的时候，一定不要对来访者有太多干涉，也不要做任何解释，只要想办法让来访者投入其中就可以了。不要做任何解释，是为了让来访者的潜意识能够自由流露。

2.坚信每一次的沙盘对来访者都是有治疗作用的。有些来访者的自我疗愈能力特别强，能够在短短几次的治疗中获得明显的进步，但不是每个来访者都是这么顺利的，有的甚至需要十次二十次才能见到效果。

3.陪伴是最重要的。在上述案例的三次沙盘治疗中，我很少使用认知疗法，只是不断给予他积极的暗示，帮助他修通自我。通过和家长沟通，重新界定了家庭成员的边界，留给来访者属于自己的一个空间，让他自由呼吸，使他整个人的压力都减轻了。

4.治疗的最后一定要和来访者做充分的总结，肯定来访者的变化，坚定来访者自我治愈的决心。最后一次的会谈可以融合一些认知疗法，对来访者的问题给予适当的解释，让他在未来面对困难的时候能够使用一些积极的应对的策略，可以对他的未来起到助力作用。

第二节　人际交往辅导实操案例

静静地听，

我的心呀，听那世界的低语，

这是它对你求爱的表示呀。

——泰戈尔

不要悄悄地离开我

——沙盘游戏治疗在哀伤辅导中的应用实践

在日常学校心理辅导过程中，不可避免会接触到哀伤主题。来访学生痛失亲人，会给他们带来巨大的悲伤，使他们有一种被抛弃感、无助感。与内心世界连接的客体消失，甚至会有负罪感，可能会认为亲人的离去是自己的错。尤其是没有完成哀悼过程的来访学生，心中总有一种遗憾和自责，这对未来人际关系的建立和情绪情感的表达会产生持续的不良影响。如何让来访学生适当地表达和宣泄哀伤？如何转移对丧失客体的心理联结，完成真正意义上的告别？我尝试用沙盘游戏的方式激发来访者内在的自我疗愈和自我整合的力量，以完成心中未完成的哀悼。

一、表层师生关系问题的深层哀伤心理动力假设

1.问题描述

小馨，女，初二年级。父亲在她小学一年级的时候因病离世，母亲一人抚养她。因之前的班主任生病，学校给她所在的班级换了新班主任后，小馨完全没有了学习状态，总是想方设法伙同其他同学挑战和对抗新班主任。虽然换了班主任，但她每天都会去找原来的班主任聊天。小鑫自述，这样做也没有缓解她痛苦的感觉，她觉得一切都没有意义，每天都不开心，于是她主动找我寻求心理帮助。

小馨的问题引发了我强烈的好奇，新老班主任之间并不是因为利益冲突导致的撤换，为什么小馨会对新班主任如此敌对？小馨对老班主任的依恋和陪伴与她童年丧父的经历有没有什么联系？带着这样的假设，我和小馨一起回顾过去，与现在的问题做一定联系的假设，并尝试用沙盘游戏来对小馨进行哀伤的辅导。

2.回顾

小馨一年级的时候，父亲因为查出胰腺癌回到老家休养。父母为了不让小馨伤心，一直没有告诉她实情，小馨一直以为父亲是回老家工作。直到父亲去世，小馨的母亲也没有让小馨回老家奔丧，一直隐瞒此事到小馨二年级的时候，并且直到现在也一直没有带小馨去父亲的墓地扫墓。

3.联系

小馨表现出的师生关系问题只是表层，可以通过追溯她早年丧父的经历来解释所遇到的问题和行为模式。见表2-1-1。

表2-1-1 表层师生关系问题的深层哀伤心理动力假设

丧失对象	丧失事件	感受	联系
父亲	父亲去世，未完成哀悼	内疚、自责、悲伤、愤怒	换班主任事件激发了过去的丧父创伤。小馨当年没有完成对父亲的哀悼，没有陪伴父亲最后的时光，父亲悄悄地离开了她，成为她心中永远的遗憾。换了新班主任，小馨对抗新班主任，每天去陪伴老班主任的行为其实是潜意识里对未完成哀悼的弥补
老班主任	突然换新班主任	难过、不舍、愤怒	

二、运用沙盘游戏治疗进行哀伤辅导

小馨目前的师生关系问题是由于过去对父亲未完成哀悼的弥补。经过和小馨讨论，她也希望可以对哀伤的部分做一个处理。于是我们使用沙盘游戏尝试辅导。

1.回忆美好（片段）

沙盘游戏丰富的沙具可以让来访学生生动地呈现过去和与丧失的客体之间美好的生活画面，唤醒对丧失客体的美好的情感体验。

心理老师：小馨，请你现在闭上眼睛，放松头脑和身体，给自己一点时间，慢慢回忆过去你和爸爸一起开心的生活画面。想到的时候，你就睁开眼睛。

心理老师：好，你想好了对吗？你现在可以去沙具柜选择你心仪的沙具，在沙盘里去呈现这个画面。

小馨将选好的沙具摆放在沙盘里，见图2-1-6。

心理老师：小馨，给我讲讲你摆的是什么情景？

小馨：我记得我小时候，我们一家三口经常坐在一起看电视，爸爸抱着我，给我讲电视里的情节。

心理老师：哦，当你想到这个画面、摆出这个画面时，你有什么感觉？

图2-1-6　小馨的美好回忆

小馨：我觉得很温暖，很开心。

心理老师：如果让你给这个画面起一个名字，你会叫它什么？

小馨：温暖的家。

心理老师：看上去，这确实是一个很温暖的家。那以前，爸爸做了什么你会觉得爸爸好爱你啊？

小馨：他抱我的时候。

心理老师：那以前你做了什么会让爸爸觉得你很爱他呢？

小馨：我把我喜欢的零食给爸爸吃。

2.宣泄哀伤（片段）

沙盘游戏可以为来访学生提供一个安全的诉说氛围。让来访学生选择两个沙具，一个代表自己，一个代表丧失的客体。通过可视化的关系摆放，可以更直观地表达对丧失的客体的爱与恨，表达时可能会伴随强烈的情感体验，而这是与丧失的客体分离的过程。

心理老师：现在请你去沙具柜选择一个可以代表自己的沙具，再选择一个可以代表爸爸的沙具。选好后，告诉我你为什么选它们。

小馨：我选择这个小婴儿代表自己，因为我觉得我特别需要关爱。我选择这个大熊代表我爸爸，因为我爸爸特别喜欢抱我，他又长得比较胖，很像这个熊。

心理老师：小馨，现在你和爸爸面对面坐在沙盘里，这是一个特别的对话空间，此时此刻，你想和爸爸说些什么吗？

小馨：我想说……爸爸，我很想你……（哭泣）

心理老师：现在爸爸听到了你说很想他，再由你来扮演大熊，代表爸爸，你会回应什么呢？

小馨：宝贝，我也很想你……（哭泣）

心理老师：小馨，除了想念，你此时此刻还有什么想和爸爸说吗？

小馨：（叹气）爸爸，我其实很恨你……你为什么要骗我……我一直以为你出去工作了，很久之后才知道原来你已经……不在了（哭泣）。

心理老师：你对爸爸既有思念又有憎恨，我能感受到这些情绪背后是你对爸爸深深的爱。你还有什么想说的，都可以说出来。

3.完成告别（片段）

根据来访学生情绪宣泄的程度，可以让来访学生继续角色扮演，先代表自己，回到过去未完成的事件中，让来访学生把自己内心想对丧失客体说却没来得及说的话表达出来，从而使内心趋于平和。再请来访学生扮演丧失客体，通过扮演，换位思考，来访学生会在不知不觉中进入角色，深深理解所扮演角色当时的想法，体会到丧失客体对自己的期望，以此作为调节哀伤情绪并能继续好好生活下去的动力。这个过程帮助来访学生完成了与丧失客体没有来得及的告别，最大程度上宣泄了来访学生的思念与哀伤，处理其内心的自责与歉疚。

心理老师：小馨，你现在感觉还好吗？

小馨：我还好。

心理老师：你之前说妈妈没有告诉你爸爸去世的事，你也没有去见爸爸最后一面，这是你内心最大的遗憾和痛苦。那么现在，老师陪伴你在沙盘中一起完成这个未完成的告别，你觉得可以吗？

小馨：好，可以。

心理老师：那请你闭上眼睛，想象自己回到了爸爸生病的那个时候，你就陪在他身边，你会想象一个什么样的情景？用你刚刚已经选择的代表你和爸爸沙具,把这个场景摆出来。

小馨把婴儿和小熊摆在沙盘里,面对面摆放,见图2-1-7。

图2-1-7　小馨与爸爸的"告别"场景

小馨:我们在家,我爸爸躺在床上,我在旁边陪着他。

心理老师:那个时候的你会对爸爸说些什么呢?

小馨:爸爸,你会好起来的,你要坚强,你要好好吃饭,好好养身体,我会一直陪着你……(哭泣)

心理老师:嗯,爸爸当时听到你这么说,他会怎么说?

小馨:宝贝,你要好好学习,快乐地长大,爸爸会积极地治疗。但是如果爸爸不能陪着你,你不要太难过,爸爸也会在天上看着你……

心理老师:小馨,当你听到爸爸这么说,你会怎么说?

小馨:爸爸,我会好好学习,你可以再抱抱我吗?

心理老师:小馨,你相信爸爸听到你对他说的话,会抱你吗?

小馨:会。他还会对我说,宝贝,我爱你……

心理老师:当爸爸抱着你,听到爸爸对你说他爱你,你有什么感觉?

小馨:我觉得我和我爸爸很近很近。

心理老师:好,让我们慢慢回到此时此地,你现在感觉怎么样?

小馨:我觉得内心很温暖。

心理老师：好。刚才我们回到过去，你说爸爸希望你好好学习，快乐地长大，你现在有什么想法吗？

小馨：我想让自己开心一点。

心理老师：那你会怎么做？

小馨：我不想再和新班主任斗了，最近心里有很多不开心就是因为我和她的关系很差。

心理老师：听起来你想先给自己一个师生关系冲突的暂停，避免自己继续掉进不开心的旋涡。

小馨：是的。

4.家校合作

哀伤辅导技术只能处理来访学生的一部分问题。而社会支持，即来访学生亲友的帮助对来访学生是很重要且有效的。通过家校合作，邀请来访学生的重要亲人，分享相关体验，提供实际的建议及讨论应对方式能够帮助来访学生更快地从丧失事件中走出来，重建自我，开始新生活。

此次辅导之后，我联系了小馨的妈妈，告诉她小馨最近和班主任的关系问题其实是因过去丧父的心理创伤导致的。小馨妈妈表示，当时家长为了保护她而隐瞒她真实情况的处理，确实阻碍了小馨哀悼的完成，使之成为一个未完成的事件，并一直困扰着她自我的成长。小馨的妈妈决定十一假期带小馨回老家扫墓，这将是小馨长这么大，第一次去爸爸的墓地扫墓。我相信小馨在爸爸的墓地会真正意义上完成和爸爸的道别，爸爸不再是悄悄地离开。

三、沙盘游戏辅导人际交往问题实践经验

1.抓住关系问题的本质

在心理辅导的过程中，辅导者要有一个悬浮的觉察，那就是关系问题的本质一定和早期成长经历有关。所以，现实的人际问题往往只是表象，探索过去抚养者和来访者的关系，让来访者表达自己的感受，言说内心真实的渴望，才是从根源解决关系问题的方法。

2.紧贴心理辅导的节奏

哀伤辅导比较特别，来访者的情绪一般会特别强烈，能量场也会非常低压。常常会带给咨访双方难以推进的困难感、无力感。这种情况下，很考验辅导者的功力。辅导者可以从过去的美好回忆开始，提升能量场的气压，适时推进。如果来访者沉浸在悲伤中，无法回忆，可以先带他回到此时此地，通过情绪稳定化技术处理来访者强烈的情绪，再循序渐进开展辅导。

3.变通沙盘游戏的运用

沙盘游戏给来访者提供了比较安全的心理环境，可视化的艺术情景可以帮助来访者左右脑协同工作，降低防御，辅导效果加倍。但由于学校心理辅导资源有限，哀伤辅导时，沙盘游戏治疗可以和角色扮演、空椅子等技术相结合，给来访者提供更多的视角进行全盘思考和体悟。这种多技术的灵活融合，可以更整合地处理来访者的哀伤，帮助来访学生表达内心的感受，完成心中未完成的哀悼，激发来访者内在的自我疗愈和自我整合的力量。

鸟儿愿为一朵云，

云儿愿为一只鸟。

——泰戈尔

给予自恋以共情 化解俄期冲突
——从俄期三角视角理解亲子冲突

精神分析中对于自我感受的表述是自恋，不同时期的自恋表现的特征也不一样，在俄期表现出的是胆怯、不认可自己、不自信。让我们聚焦一个极度不自信男生的案例，通过整合的家庭辅导方法，帮助父子之间互相理解对方，尤其让父亲能够共情孩子的处境，成功化解俄期冲突。

一、个案概况

小宇，初二年级，有个双胞胎姐姐，父母早年离异，先与父亲一起生活到小学五年级，母亲觉得孩子状态非常不好，遂接两姐弟回到自己身边生活。小宇与父亲关系非常紧张，父亲说话一板一眼，全是大道理，对小宇要求非常严格，平时看不惯的地方就马上指责，经常对小宇说："我怎么会生出你这样的儿子！"导致小宇在学校表现得非常退缩，平时独来独往，没有朋友，不能完成学习任务，学习成绩不佳，每天戴口罩上学，不与同学交流。

这学期刚开学，小宇主动救助心理老师，希望加入心理社团，结果在进入社团教室不到5分钟就感到气短胸闷，浑身不适，于是夺门而出。我马上追出去安抚他并和他单独面谈。小宇自述，目前自己处在崩溃的边缘，觉得自己一无是处，活着没有任何意义，有自杀意念。

二、主要问题

根据小宇自己和班主任的反馈，他目前的主要问题有以下几个方面：

1.认知方面：觉得自己很愚蠢，一无是处，觉得自己让父亲丢脸，对生活、学习没有兴趣。

2.情绪方面：情绪低落，经常不开心，感到孤独。

3.行为方面：经常在教学区走廊一个人踱步，不和同学交流，偶尔和班主任、心理老师交流，经常不能按时完成作业，个人卫生习惯差。

4.生理方面：睡眠不好，会做噩梦，有暴食的情况。

5.社会功能：人际交往功能下降，不与人主动交流；学习功能较差，无法投入学习，不能完成学习任务。

三、分析评估

鉴于小宇的家庭背景和问题表现，我判断他应该是俄期自恋发展受阻导致的自我认知偏差，并伴随抑郁焦虑情绪和躯体化症状。

四、辅导过程

根据小宇的情况，制定了每周1次辅导，每次60分钟（第1次90分钟），共进行4次辅导。

第1次辅导，初始会谈，轻度惊恐发作的紧急处理。

本学期开学第一周，小宇主动找到我，申请进心理社团。我曾经带小宇班级的心理课一年多，比较了解他的情况，他在班里一个朋友都没有，独来独往。这次他主动来找我进社团，说明他想与他人连接，并作出积极的尝试，我马上批准。第二周星期二的社团课时间，小宇依然戴着口罩，从社团教室门口瞄了一眼，就想悄悄离开。我看到他，叫了他一声，他背对着我，也不看我。我走上去邀请他进教室，他很不情愿，但还是进来了。刚坐下来5分钟，小宇开始大口喘气，满头大汗，他直接快步走出教室，蹲在教室后门处，很难受的样子。我马上跟出去，让他摘下口罩，他不肯。我让他站起来，喘气顺一点，他站起来，靠着墙，闭着眼，大口喘气，浑身无力，看样子他是有一些轻度惊恐发作的症状。我马上对他进行情绪稳定化处理，指导他深呼吸，用蝴蝶拍让自己慢慢平静。大概用了20分钟，他才慢慢地恢复正常的呼吸状态。接着，我问他，愿不愿意继续聊聊，他点点头。他对我说："老师，我处在崩溃的边缘！我最近经常想到自杀！我想让我爸爸离我远一点！"原来，小宇从小学开始就有人际交往问题，他父母早年离婚，六年级前在爸爸家住，六年级开始在妈妈家住。父亲对他要求非常严，经常在生活和学习上骂他，指责他，越是骂他小宇就越是觉得自己啥都不行，在学校自卑、怯懦、经常闷闷不乐，自然也没有同学愿意和他来往。小宇将自己过往的孤独、难过、苦闷全都讲了出来，我倾听着、感受着这个受伤的心灵。鉴于小宇的问题主要来源于家庭，又有自杀的意念，而且比较强烈，我和他说明了保密例外原则，并告诉他我需要约谈他的家长，最好做家庭成员全都参加的家庭会谈。没想到小宇竟然同意了，这让我看到了他强烈的求助动机。

第2次辅导，家庭会谈，OH卡帮助亲子互相理解对方。

小宇和父母一起过来，他们虽然离婚，但是在孩子的问题上，还是很重视。小宇的母亲一听到我说孩子当天的情况以及孩子想自杀的想法就泣不成声，父亲则神情凝重，小宇依然戴着口罩，闷不吭声。这种情况之下，我拿出OH卡里面的字卡，这些字卡可以帮助小宇把内心的感受表达出来，我让他选择符合他内心真实状态的词语出来。小宇一共选了37张，厚厚一沓，我拿给他的父母看，母亲看完后哭得更厉害了。我让小宇在37张卡里再选3张程度最严重的，他选出来的卡分别是"丢脸""不喜欢""愚蠢"。首先，我让父母分别发言，针对这三张卡说出自己的理解，然后让小宇判断父母理解得是否正确，如果不正确由小宇补充。这个环节，会扰动整个家庭系统，让父母意识到自己对孩子理解的不足，也给孩子吐露心声的机会。小宇说："每次爸爸都贬低我，指责我，让我无地自容，还说'我怎么会生出这样的孩子！'我觉得我的存在就是在丢他们的脸！我不喜欢学习，我也不喜欢学校，可他们非逼我！我觉得自己很愚蠢，我也觉得他们很愚蠢。妈妈总是以为自己很了解我，各种安排我，我很烦她！"这三张卡片中蕴含的强烈情感喷涌而出，每句话都说出了小宇的心声，看来父母平时的言行真的深深地刺伤小宇的心。通过这次辅导，小宇的父母表示以后要多鼓励孩子，尊重他的意见，给他空间，理解他的感受，不讲那么多大道理了。如果孩子的情况依然没有明显好转，自杀意念强烈，那么家长也愿意带孩子就医。会谈结束，小宇对我说，"老师，说出来真的好轻松啊！"

第3次辅导，家庭会谈，循环提问促进共情。

这次辅导前，小宇强烈要求他的父母继续一起参加会谈，于是我联系了小宇的父母，小宇的母亲由于工作问题不能前来，只有父亲可以前来。在这次辅导中，我运用循环提问，对父子二人进行提问，以下是咨询节录：

心理老师：小宇，在家庭关系里，你和谁关系最好？你的爸爸排第几？

小宇：我和老姐关系最好，其次是老妈，老爸排最后。

心理老师：你爸爸的哪一面最容易被别人看到？

小宇：严厉的一面，他经常骂我和老姐。

心理老师：你爸爸在什么情况下会比较开心？

小宇：我和老姐成绩进步的时候。

心理老师：当你爸爸不开心时，你有什么感觉？

小宇：我觉得很害怕，我觉得是我的错。

心理老师：如果你希望的家庭生活满分是10，你给现在的生活打几分？

小宇：4分。

心理老师：这4分是什么？

小宇：我至少有个住的地方，我姐姐和我关系不错，我妈有时会带我去吃好吃的。

心理老师：小宇爸爸，当小宇说在家庭中你排最后，你有什么感觉？

小宇爸爸：我觉得挺委屈，以前独自带他，我也付出了很多，工作之余就是管孩子，居然还是排最后。

心理老师：小宇说你严厉的一面是最容易被看到的，你怎么看？

小宇爸爸：我是军人，我觉得孩子就应该严格要求，小时候不管教好，长大了就管不了了，所以我说他们比较多，有时也非常严厉对他们，他们都怕我。

心理老师：孩子都怕你的生活，是你想要的生活吗？

小宇爸爸：肯定不想啊，我也想和孩子们亲近一点。

心理老师：小宇爸爸，孩子说你开心的时候就是他们成绩好的时候，除此之外，你还有什么补充吗？

小宇爸爸：其实，我看到两个孩子一起说说笑笑的时候，我也很开心。他们俩是龙凤胎，长得也很像，别人都羡慕我有一对龙凤胎，成绩进步我当然高兴，但是我更希望两个孩子健康成长。

心理老师：小宇爸爸，当你不开心时，小宇认为是他的错，你听到后有什么感觉？

小宇爸爸：我没想到小宇会这样想，我挺难受的。我以后要改变一下和孩子的相处方式，不能再一味严厉了。小宇给家庭生活打4分，家对他只是一个容身之所，是我，是我把家变得太没有人情味了……是我的问题。

心理老师：小宇，过去两周，你发现了爸爸有什么变化吗？

小宇：老爸对我少了一些批评，还带我们去看电影了。

心理老师：那你希望老爸能保持和继续的是什么？

小宇：我希望老爸少批评我，多对我笑笑。

在这次辅导中，通过循环提问，带给小宇和父亲互动关系的体验，让他们彼此理解和看到对方，促进父亲对孩子的共情。

第4次辅导，家庭会谈，构建成长之路。

这次辅导，小宇的父母均来到咨询室，小宇的情绪也比较轻松，也不戴口罩了。他自述，最近这一周，情绪好了很多，每天早上起床会觉得有劲，看到同学也没有以前那么回避了，有想和他们交流的欲望。最近还和一位同学每天下五子棋，感觉挺开心的。他说最近爸爸妈妈都很少指责批评他，如果他做得好，还会鼓励他，让他觉得生活又有希望了，他还希望妈妈可以组织一次外出游玩，他想去草原或者高山。

在这次辅导中，我和小宇的家庭一起探讨构建了成长之路，家庭成员共同的目标是小宇能够更自信更快乐地生活。目前现状是6分，如果再提高1～2分，父亲要多倾听，不能说过激指责的话，母亲要多给孩子一些空间，让他做自己喜欢的事。小宇要主动表达自己的感受和想法。家庭成员要留意彼此在这一周是否做到以下改变，如果没有做到，阻碍是什么？可以通过家庭会议的方式继续沟通。这样家庭系统的这艘船，会在不断地反思和觉察中成长，乘风破浪地前进。

会谈结束后，小宇的父母也表示，孩子的转变挺大的，能看到他的笑容了，也感觉到他的亲近。原来，只是一味"激"，教育不出阳光开朗的孩子，只会让孩子讨厌自己，不认同自己。尤其是父亲的转变非常大，他意识到父亲过于强势，孩子会很难超越他，会一直处于挫败中。过去他过于严厉地对待孩子，孩子更加不敢与人竞争，害怕被惩罚而限制自己的能力发展，在情感上疏远爸爸。只有恰如其分地约束和拒绝，对孩子的成长才是有利的，而且要让孩子感受到，虽然父母离婚了，但离婚的家庭不一定就是缺爱的家庭，父母依然爱着孩子，关心孩子。

历时一个月，经过4次家庭辅导，小宇对自我的认识有所改观，不会觉得自己一无是处了，抑郁、焦虑情绪的程度逐渐降低了，没有自杀的意念，正常学习、人际交往等社会功能逐渐恢复。具体情况如下：

（1）小宇自己评估抑郁焦虑情绪从一开始的10分，下降到现在的4分，可以结束和整个家庭协商咨询，看看他自己能否继续自我调整状态。

（2）班主任老师反映，小宇上课的状态明显好转，偶尔上课走神，下课也和老师、同学有交流，作业也可以部分完成。

（3）家长反馈小宇在家愿意和家长聊天，周末愿意外出散步，吃饭、睡觉都比较正常。

（4）心理老师评估小宇目前自我认识方面有改观，视角更积极了，抑郁焦虑情绪的程度逐渐降低了，没有自杀意念，正常学习、人际交往等社会功能在逐渐恢复，可以尝试结束咨询。

望子成龙是每个家长希望的，可是在实际的家庭生活中，要结合孩子自身的身心发展现状来把握"激"的程度。对于这个早期就离异的家庭，孩子本身就有情感缺失，渴望得到父母的爱，渴望得到父母认同，过度的"激"只会损害他的自恋，导致他不认同自己、自卑、胆怯，出现一系列人际交往回避、学业不良、情绪焦虑抑郁等衍生问题。

竞争是俄期冲突的核心主题，对于男孩子来说，超越父亲，就是最优体验，可以满足孩子自恋的需要。而屡次竞争失败，孩子容易出现被动攻击的现象，用破罐子破摔来"报复"父母，同时被动攻击的效果也会滞留在他自己身上，表现出很多躯体症状。

给予自恋以共情，通过扰动家庭系统，化解俄期冲突，让孩子积压的愤怒、委屈、抱怨、失望全都宣泄出来，也让父母能够共情孩子的这些感受，被共情了的孩子才能感到温暖、接纳、满足。修通俄期冲突，孩子心理的发展就会顺畅起来。

第三节 学习心理辅导实操案例

根是地下的枝，

枝是空中的根。

——泰戈尔

打破好学生思维 构建健康自体感
——以自体发展为心理辅导思路的应用实践

"好学生思维"在学校成绩优秀的学生中比较多见，他们非常在意他人的评价，对自己的要求很高，达不到要求就自罪自责，产生情绪问题。到底是什么心理动力在驱动着他们成为现在的自己？如何帮助他们探索自己到底是谁？认识自己的能力与局限在哪里？如何帮助他们接受自己的优点和缺点，形成积极的自尊和健康的自体？带着这些疑问，我尝试从心理动力学角度出发，回溯来访学生的成长经历，看看早期关系如何影响积极自尊的发展和健康自体的建构，帮助来访学生提升自尊调节能力，拥有良好的自体感受。

接下来聚焦一位14岁的初中学生，他成绩非常优异，但饱受"好学生思维"困扰。我尝试从心理动力视角出发，理解来访者"好学生思维"的成因，运用自体发展辅导思路，调节其自尊敏感度，构建健康的自体感，使来访者降低"好学生思维"的困扰，走出心理阴霾。

小华（化名），14岁，初二年级学生，成绩优异，在年级名列前茅，身体无重大器质性疾病。他的父亲从商，是个成功人士，平时工作比较忙，母亲是全职妈妈，主要照顾他和姐姐。夫妻关系融洽，教育原则基本一致。但他的母亲管教方式比较严厉，对孩子成绩要求较高。他的母亲刚生下他时曾患产后抑郁一年。

一、症状

1.生理方面：头脑不清醒，有时会头晕，恶心，无器质性疾病。

2.心理方面：脑海中总是不受控制地出现一些关于自己价值或嫉妒他人的思绪，比如"我真没用！""×××居然超过我！"。后来演化为头脑中不断出现"我会不会头脑中又出现这些思绪"的担忧。特别是上课、考试的时候，这种担心焦虑加剧，总是不受自己控制地想"一会考试会不会又出现这些情况"。导致上课、考试注意力无法集中，情绪焦虑，内心痛苦。

3.社会功能方面：学习成绩下降，人际关系下降。

二、诊断

小华父母带他前往市儿童医院心理科就诊，诊断结果为轻度强迫思维，无妄想、无思维逻辑障碍，自知力完整，有主动求助的意愿。

三、心理动力个案概念化

1.早期环境

小华出生在老家，当时爸爸在市里打拼，是妈妈和奶奶抚养小华到两岁，之后妈妈带小华去市里和爸爸一起生活。小华是家里第二个孩子，还有一个姐姐，小华出生时，姐姐当时3岁，一直由奶奶在老家抚养，直到上小学才接到市里，一家四口团聚。

2.主要养育者的抚养质量

小华的主要养育者是妈妈，奶奶主要负责带姐姐。妈妈生完小华不久就罹患产后抑郁，严重的时候根本无法照顾小华，整天哭泣，更无法母乳喂养，抚养质量不佳。

3.与主要养育者早期关系的质量

小华出生后，因妈妈罹患产后抑郁，没有得到很好的照顾。妈妈的情绪非常波动，经常哭泣。小华一岁之内，基本没有被妈妈抱过，致使他和妈妈的早期关系质量不佳。

4.早期分离或者心理创伤的历史

由于小华妈妈罹患产后抑郁，由奶奶主要照顾小华，但是奶奶还要同时照顾姐姐，精力不足。小华经常哭，奶奶为了不给小华养成一哭就抱的习惯，所以不怎么抱小华，小华哭累了才能睡。

5.早期成长经历及问题模式与自体发展建立联系

心理动力学为我们提供一种假设，即透过个人成长经历可以解释人们某种认知、情感、行为形成的过程和原因。小华目前的"好学生思维"是在早期没有获得足够的自体客体感，他的妈妈由于严重的抑郁，没有办法和他共情，他的奶奶由于年老，没有精力也没有办法和他共情，养育者均不能准确地感受小华的需要和感受，缺乏养育者镜像化，使得小华无法理想化她们。结果，他无法发展出健康的自体感，产生低自尊且缺乏共情能力，他努力维持自己脆弱的自尊，无法忍受他人超过自己，于是产生强烈的嫉妒心。加之妈妈的教养方式比较严厉，对他学习要求很高，渐渐使他形成"好学生思维"（见图2-1-8）。

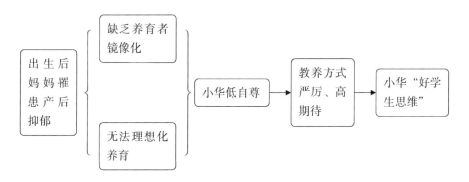

图2-1-8 小华"好学生思维"发展路径

四、自体发展辅导思路概述

第1～2次咨询：建立关系，谈论现状，澄清问题。

在这个过程中，以来访者的叙述为主，心理老师适时给予梳理和反馈，帮助小华看到自己目前问题的现状、表现、影响、发展过程等。尤其是对"好学生思维"进行深入的探讨，厘清"好学生思维"主要有哪些？出现的时间、频次、影响、感受？对"好学生思维"的强迫担心有哪些？出现的时间、频次、影响、感受？小华详细讲述了他的困扰，起初在上课听讲的过程中，他脑海中会突然出现一些关于自己价值或者嫉妒他人的思绪，当他意识到的时候会很紧张，告诉自己注意力要集中，慢慢地衍生出一个新的症状，在上课的时候他会不由自主地在脑海里想"一会我会不会又走神啊？"平均一节课有三次左右这样的情况，对学习很在意的他非常紧张焦虑这个情况。后来发展到在考试的时候，他会不停地想"我一会会不会又走神啊？"结果陷入越是担心越是混乱，考试受影响，学习成绩退步的恶性循环。小华通过前两次的辅导，已与心理老师建立良好的关系，并厘清自己目前问题的现状和循环模式。

第3～4次咨询：推演模式，谈论感受，提升自尊。

在这个过程中，帮助小华理解自己"好学生思维"的来源，通过深度共情，使生命早期的小华的需要和感受被看到、被理解。在自体客体的移情作用下，小华感到被理解，开始理想化心理老师，认为心理老师是充满活力和与众不同的，这使他的自体感开始变得有生气。心理老师对小华个人成长历程给予极大的肯定，认为小华非常不容易，逐渐支撑起他不坚定的自体感。小华发自内心地说："那时候的我真的很可怜，但是我也很坚强，不是吗？"心理老师和小华一起做了优势曼陀罗，引导小华认识到自己本身具有的优势，提升战胜困难的勇气。小华自己选择出自己具备的优势：好奇心、判断力、创造性、毅力、责任、幽默。心理老师和小华分别对每一个优势做了详细的探讨，让他的优势被看见，被内心真正接纳，成为他自尊的基石。

第5～6次咨询：资源赋能，联动家庭，重建自体。

小华已经领悟到自己问题的根源和思维循环的模式，但是依然会出现强迫思维症状。在这个过程中，心理老师联动小华的父母，改善教养方式，不过分看重学习，更看重小华本身。增强父母的共情力，不仅能共情小华的情绪还能共情小华的认知，反映小华的内心世界。当小华又出现"好学生思维"时，给予接纳，与小华一起，学会带着症状生活，顺其自然，接受自己。引导家庭成员肯定小华的不易和优点，充分表达自己的感受，让整个家庭的能量流动起来。在家庭系统动力推动下，帮助小华重建健康的自体。

小华经过6次辅导，"好学生强迫思维"的症状得到很大缓解，从过去的每节课出现强迫思维，到最后一周只出现一两次，他自己感觉轻松了很多。在期末的考试中，小华的成绩全面进步，考到了年级前三名。

五、以自体发展作为学习心理辅导思路的实践经验

以自体发展作为辅导思路，在关系框架中理解来访者的过往经历，重视与来访者的咨访关系，深度共情来访者，促使来访者表达内心真实的需要和愿望。在资源取向视角下，借助来访者的优势使他们建立新的、健康的心理功能模式，主要包括：

1.理解来访者的过去。自体感脆弱的来访者通常有一个早年经历的创伤。与自省能力强的来访者一起回溯生命的早期经历，理解自己目前症状的起因，看到自己潜意识中的需要和情感，对于症状改善有非常大的帮助。

2.重视来访者的现在。对于正处在成长期的孩子来说，出现发展性的问题是很正常的，除了和早年的成长经历有关外，还与家庭教养方式、自身的认知方式有关。所以除了做孩子的辅导，家庭辅导也是必不可少的。尤其是小华这样的未成年人，他的自我发展未完善，与家人的边界没有完全分化，很容易受到家庭系统的影响。通过了解来访者家庭目前的功能情况，扰动家庭系统不良的互动模式，可以起到事半功倍的效果。

3.看到来访者的未来。本着相信来访者有自我解决问题的能力的理念，赋予当事人改变现状的勇气和信心，关注来访者问题解决的成功经验，打破

越是关注症状，症状越突出的恶性循环。重视和引导来访者看到自己的优势、资源，使之内化，提升自我认同。重视家庭关系的修复和家庭动力的流动，给予来访者强大的精神支持。

> 采着花瓣时，
>
> 得不到花的美丽。
>
> ——泰戈尔

压力不再山大
——中学生心理压力现状与心理调适策略

随着社会生活方式的改变和生活节奏的加快，人们每天都要承受来自外部和内部的各种压力。心理压力被认为是二十世纪以来危害健康的主要因素之一，不少文献都显示压力与身心健康有显著的关系。中学生作为祖国的未来，肩负着家长、社会、民族的重托，然而中学生正处在人生发展的"暴风骤雨期"，更需要全社会加倍关注其心理健康成长。近年来，青少年心理疾病酿成惨剧的现象屡见不鲜。青少年的心理健康是生理因素、心理因素、社会因素综合作用的结果，压力事件是造成青少年心理压力的主要原因。因此，探寻中学生压力现状，压力释放方式，并提出切实可行的心理压力调适策略是非常必要的。

本研究采用定性研究和定量研究相结合的方法，通过问卷调查与个案访谈开展研究。问卷由个人基本情况、三个与压力相关的量表（压力源量表、压力应对方式量表、心理健康量表）构成。本次研究在广州市随机抽样选取三所中学的680名学生实施测试，其中有效问卷664份。

一、研究结果

1.中学生心理压力的现状分析

压力源量表是自编量表，使用五级量表，以1（完全没有）到5（十分强）评分。总体而言，中学生在最近三个月内承受着来自各方面的不同压力，压力强度各有不同，其中学业压力是目前学生承受的最大压力。具体情况见图2-1-9。

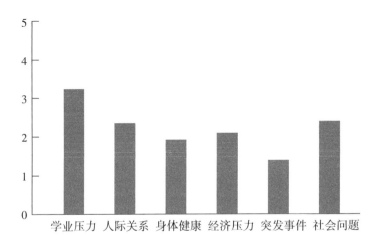

图2-1-9　中学生心理压力的现状

2.中学生压力释放方式分析

压力释放方式量表由29个题目构成，分为5种主要方式：情绪调适、社会支持、问题解决、拖后逃避、合理化，每种释放方式包含几个问题，调查结果如图2-1-10所示。从图中可以看出，目前中学生压力释放的主要方式还是以拖后逃避为主，社会支持的部分最为薄弱。

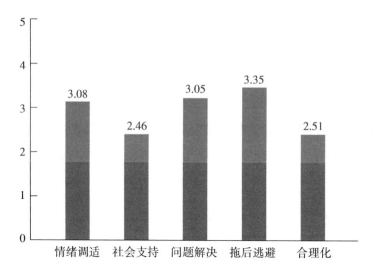

图2-1-10　中学生压力释放方式均值比较

3.压力、压力释放方式与心理健康的相关分析

中学生处于身心发展的重要阶段，在精神、身体、情绪、行为等方面容易受到压力，从而影响了青少年的心理健康水平。本研究再次证实了这一结论。心理健康量表由20道题目构成，通过此次调查研究表明，中学生的压力水平与心理健康水平呈显著正相关，即中学生压力越大，心理健康状况越不理想，结果如表2-1-2所示。

表2-1-2　中学生压力水平与心理健康水平的相关分析

	初中生压力水平	高中生压力水平
心理健康水平	−0.59***	−0.62***

*** $P<.001$

积极有效、解决问题的释放方式与消极无效、回避问题的释放方式对中学生心理健康水平的影响差异比较明显，结果如表2-1-3所示。

表2-1-3　中学生压力释放方式与心理健康的相关分析

	情绪调适	社会支持	问题解决	拖后逃避	合理化
心理健康水平	0.011*	0.051	0.302***	−0.296***	−0.149***

*<.05　　　***<.001

4.中学生压力现状的分析

社会变革所带来的生活方式改变、生活质量提高、生活节奏加快、竞争日益激烈，都使青少年处于无形的压力之下。中学生自身生理、心理、社会性发展的需求，如学习压力的增大、社交圈子的扩大、与异性朋友的交往、与父母关系的重新审视等，都是中学生不得不面对的现实。如图2-1-9所示，学习压力是当前中学生面临的最大压力。中学生普遍感受到学习负担重、竞争大，担心考试成绩不理想，学业维持困难等。近几年来，虽然提倡素质教育，但是千军万马过独木桥的现状依然存在，很多学生的周末被各种补习班侵占，这是一个值得思考的事情。

5.关于中学生压力释放方式的分析

如表2-1-2所示，中学生的总体压力水平与心理健康水平显著相关，即中学生压力越大，心理健康水平越不乐观。随着年龄的增长，学业难度增大，社会层面的影响增多，高中生的压力水平比初中生更大，对心理健康的影响更明显。在压力面前，个体为了平衡身心，会采取不同的释放方式。如图2-1-10所示，中学生压力的释放方式的特点较多倾向于从内部着手，较少使用外部社会支持策略。如表2-1-3所示，中学生更倾向于使用拖后逃避的消极释放方式，这种释放方式会对心理健康水平造成更大的负面影响。中学生不喜欢寻求外部社会支持的原因与他们正处在青春期有直接关系，强烈的成人感使得他们不想表露自己内心的无助和烦恼，觉得任何事情都想靠自己的能力去解决。当能力达不到时，特别是自我情绪调适、问题解决的方法失效时，多数中学生就会采用逃避拖延的方式来消极处理。但这样只是治标不治本，还会使自己陷入恶性循环里。因此，教会中学生一些实用的情绪调适和问题解决方法刻不容缓。

二、中学生心理压力调适策略

1.情绪调适策略

心理学家认为,成熟情绪是成熟人格的必备条件。台湾心理学家张春兴在《张氏心理学辞典》中定义,情绪成熟为情绪表达不再带有幼稚、冲动的特性,在言行举止上表达情绪时,均能臻于社会规范地步。

成熟情绪是成熟人格的必备条件。美国心理学家艾利斯认为,人们常常会因为不合理的认知,导致负面的情绪。比如:犯错误是绝对不允许的,不能让别人超过自己,不能忍受任何的不公平对待等等。中学生不喜欢向外界寻求帮助支持,喜欢靠自己的能力解决问题,那么让中学生学会如何自己对抗不合理的认知,可以通过以下方法:

(1)自我教导法。与自己的不合理想法辩论,列出原有的不合理想法,用一些合理的想法去反驳。这个方法一定要重复练习,直到新的合理想法变成自动思维。具体操作如:"这个世界太不公平了,坏人必须受到惩罚!"可以反驳:"这个世界本来就是绝对公平的吗?""这个世界的坏人能全部被消灭吗?"再比如:"以后我生活得不好怎么办?学不过别人,找不到好工作怎么办?"可以反驳:"现在这种担心有用吗?""不要为未知恐慌!""活在当下,活好每一天,每一天都有收获就好!"

(2)运动减压法。身心是一个整体,很多研究发现,常做运动,如跑步、健身操、太极拳、快走等,可以减轻焦虑和抑郁的心境。中学生处在生长发育的阶段,激素分泌较旺盛,精力充沛,运动不仅可以增强中学生体质和免疫能力,增加活力,远离疾病,还可以舒缓紧张、焦虑,释放抑郁的情绪。运动还可以促进良好的睡眠,使中学生的生活进入良性循环。

(3)合理宣泄法。著名的霍桑实验证实,人们的精神需要宣泄,通过宣泄可以快速释放负面的情绪。中学生可以选择一些自己喜欢的宣泄方式,比如:写日记、写微博、发朋友圈、听歌、画画、打沙包、找朋友倾诉等。

2.问题解决策略

学会情绪的调适只是一个方面，问题能够解决才是根本，也是最有效的改变压力现状的方法。问题解决适用于中度应激状态，并且压力源可以改变的时候。问题解决能在适当的行动基础上直接排除压力源，使得压力产生的不良情绪快速消除，弥补我们的损失，提高我们的成就感和自信心。这里总结了一些适合中学生问题解决的方法：

（1）界定问题。在问题解决之前，必须先了解问题，跳出情绪的迷雾，直面问题的本质。比如："我好烦啊！！！"要尽可能详细描述问题，变成："妈妈管我太多了，我干什么她都要干涉，我好烦！"

（2）列出解决问题的可能方案。可以用头脑风暴的方式，先预想一些解决方法，先不管方法的质量。比如：和妈妈沟通、送妈妈一个礼物、接受妈妈的现状、不理会妈妈、和妈妈大吵一架、当妈妈有进步的时候鼓励妈妈、让老师和妈妈谈谈……

（3）做决定。根据自己列出来的方法，选择一个。放轻松，没有完美的方案，选定之后，列出实施步骤，适当练习。

（4）反馈和总结。验证方案的成功或者失败。如果是成功的，则持之以恒，直到最终胜利；如果失败了，要善于总结，继续找寻解决问题的方案，不要气馁。如果自己的方案都不好用，这个时候可以寻求老师、朋友、亲人的帮助，不要怕丢面子，也不要不好意思。

现实生活中，每个人都有独特的应对压力的方法，适当的应对策略和方法是一个值得深入探讨的话题，它是人们心理调适的核心。情绪的调适和问题的解决应该是相辅相成、互相促进的关系。

来自学业的压力是中学生中最常见的，也是强度最大的。中学生心理健康水平与他们受到的压力水平呈正相关。中学生普遍采取拖后逃避的释放方式，属于消极的释放方式，同时这种方式也是对中学生心理健康影响最大的一种压力释放方式。在心理辅导的过程中，帮助中学生学会一些情绪调适方法和问题解决方法，有助于中学生自我压力调适，改善消极情绪，提高心理健康水平。

云把水倒在河的水杯里，

它们自己却藏在远山之中。

——泰戈尔

合作学习　高效课堂
——班级合作学习小组对学生学习动机的影响研究

根据素质教育发展的要求，改革班级管理模式，提高班级管理水平，是当前学校教育中亟待解决的重要问题之一，应该引起所有教育行政管理人员和从事班级教育教学人员的高度重视。通过对学生学习动机前后测指标的调查研究发现，实施教改前后学生的学习动机有明显差异，从而探讨在学校"全效共振"教学范式下合作学习小组对学生学习动机的影响，并进一步丰富有关小组合作学习理论，不断完善各种类型的小组合作学习，使小组合作学习实践能在明确的理论指导下成功地发挥效力，更有助于当前我国中小学班级合作小组管理模式的改革和探索。

在我国基础教育领域，小组合作学习已经实践很多年了，各种基础教育类杂志上偶尔会刊登一些经验体会性的文章，但是很少有人从教育学和心理学的理论出发来分析研究小组合作学习。

广州开发区中学从2010年开始施行教改，提出"全效共振"教学范式。经过四年多的实践，效果比较突出。本研究的主要目的是在学校"全校共振"教学范式实施背景下，探讨合作学习小组对学生学习动机的影响，以合作学习小组对学生学习动机的影响为切入点，对中小学班级管理模式中小组合作学习的效果进行深入分析研究，试图证明这种班级管理模式的有效性，以此推动班级管理模式的探索和改革实验。通过此次研究，进一步丰富有关小组合作的学习理论，不断完善各种类型的小组合作学习，使小组合作学习实践能在明确的理论指导下更成功地发挥效力，有助于当前我国中小学班级合作小组管理模式的改革和探索。

一、"全效共振智慧课堂"学习小组管理模式

"全效共振智慧课堂"通过改革课堂教学模式，实现"三大目标"：第一，注重学习能力的生成，在效益和效率上追求课堂教学的"智慧"，变"接受式"学习为教师指导下的自主式学习，注重学习能力的生成。第二，使课堂教学成为素质教育的主渠道，主动承载新课改的诸多要旨要义，以培养高素质的人才为目标，为实现真正的终身学习打下基础。通过提高课堂教学效率，减轻学生负担，让学生有更多时间发展自己的兴趣特长。第三，在提高学生学习能力的同时，使教师的专业素养也得到提高，减轻教师负担。2010年，全校范围开展教改，各班一改过去两人一组的常规座位模式，变成六人一组的小组合作学习模式，如图2-1-11所示：

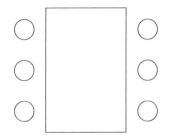

图2-1-11　小组合作座位排列

小组的六个人分为A、B、C三个级别。A组同学成绩最好，B组同学成绩中等，C组同学成绩较弱，并形成A1帮C1，A2帮C2，B1、B2互助的合作分工。这样的安排也利于小组公平竞争。

明确的学习目标和责任分工是进行小组合作学习的关键要素。在小组合作学习过程中，各成员应有明确的合作学习目标和具体的责任分工。分工明确、责任到人才能使小组成员全员参与，并明白各自应该承担的角色，掌握各自所分配的任务，使合作学习有序又有效地进行。

管理模式改变后，教学模式改革也开始实行。利用六人学习小组开展课

堂合作探究学习，老师授课不超过20分钟，学生充分参与课堂教学过程，讨论、展示、讲评都由学生完成。这种方式既锻炼了学生的能力，又激发了他们成为课堂主人的兴趣，学习效率大增。

二、"全效共振"学习小组管理模式实施前后测比较

2010级的8个班共362人，在初一第一学期时学校还没有开展教改，仍按照传统教学模式授课和管理班级，2011年2月，学校开始推行"全效共振"学习小组管理模式。我在2010年12月以及2011年12月分别对广州开发区中学2010级学生进行两次学生学习动机（MHQ）问卷调查研究，参与实验的教师分别为心理教师、1—8班班主任以及科任老师。

学习动机是本研究中的重要项目，也是本实验中可以通过MHQ问卷直接测量出来的指标。本研究将根据实验班和对照班有关学习动机的前测后测指标的变化，比较分析小组合作学习对学习动机的影响。

经过问卷调查中有关学习动机的前后测指标对比后发现，实施教改前后学生学习动机有明显差异，见表2-1-4。

表2-1-4　2010级各班级学生学习动机前测与后测的比较分析

班级	人数	前测		后测	
		平均数	标准差	平均数	标准差
2010级1班	45	30.15	4.52	32.86	5.97
2010级2班	45	30.10	4.57	32.71	5.95
2010级3班	47	30.02	4.46	31.87	5.84
2010级4班	47	30.03	4.49	32.59	5.92
2010级5班	48	30.01	4.44	31.46	5.90
2010级6班	48	30.05	4.49	31.56	5.91
2010级7班	46	30.02	4.41	31.53	5.93
2010级8班	47	30.05	4.50	31.98	5.95

表2-1-4的结果表明，从总体上看，教改前测量实验班学生的内部动机呈中下等水平，教改进行半年后测得实验班学生的内部动机水平呈上升状态且达到中上等水平。2010级各前测和后测有关学生内部变化的数值指标有非常显著的差异，应用SPSS进行独立样本的t检验，=t3.348，=P0.003。结果表明，在"全效共振"学习小组管理模式下，2010级学生的内部学习动机发生了显著的积极变化，学生的内部学习动机有显著提升。

三、关于常规教学模式与"全效共振"教学模式实施前后的教师访谈

2010级科任老师们普遍认为，在实施改革模式之前，课堂整体气氛比较死板，自从实施教改之后，由过去的老师完全主导课堂变成学生主导课堂，把课堂变成了知识的"超市"。一些科任老师还特别提到一些学生的才艺、能力在这种模式中得到了充分的肯定和发挥，班级学生为了在课堂中有良好表现个个打起精神，连过去上课喜欢睡觉的学生也深受加分机制的鼓励和刺激积极投入到课堂上来了。

小组合作学习使学生内部的原始诱因得到积极的保护和发展，迅速转变为心理需要，并不断加强。学生的心理需要与个人、小组和班级的目标有机结合，产生了为达到目标而努力行动的动机，激励他们积极行动。这时，非智力因素的内驱力和情动力都可以发挥出更明显的积极效力。学生的工作和学习热情可以得到有效保持，并可能得到不断强化，学生更容易形成并保持良好的学习习惯。

其实，当我们获得了这样的效果的时候，学生的非智力因素也就充分发挥了动力功能中对学生活动的正确定向和积极的引导作用。也就是说，成功的小组合作学习不但从机制上有利于保证非智力因素发挥积极的始动力和情动力，对学习的动力水平产生积极有效的影响，而且它又通过实践所获得的积极成果反过来不断优化学生的非智力因素构成状况和水平，从而形成班级建设过程中的良性循环。

通过学习小组管理模式与常规体制下学生学习动机的不同水平，说明班级管理模式在教育环境因素中的重要性，并从实践的角度证明，合作学习班

级管理模式在提高学生学习动机水平方面具有很好的可行性和有效性。成功的小组合作学习体制可以通过创设班级整体上的积极竞争和互助机制，有效地影响学生的学习动机；可以通过创设能够有效满足学生心理需要的班级环境，有效地影响学生的情绪，激发学生的学习兴趣，培养学生热爱学习的情感；可以通过高密度的、制度化的班级活动，有效地影响学生生活和学习习惯的养成和维持。

赐给我力量，

使我能轻闲地承受欢乐与忧伤。

——泰戈尔

静心的力量

——正念训练在中考体育跳绳训练中的应用研究

近年来，我国竞技运动领域迅速发展，正念训练作为第三代认知行为疗法，不但在临床医学和临床心理学等领域得到了广泛的应用，其作为一种新的心理训练范式被逐渐应用在竞技体育训练领域，并取得了理想的应用效果。例如：针对射击运动员进行的正念训练的实践表明，正念训练能够显著提高射击运动员的有效注意水平和抗干扰能力，对运动员运动成绩的提升具有积极的促进作用。鉴于此，以下实操案例对正念训练在中学生中考体育快速跳绳训练中的应用进行了探讨，旨在为中学生中考体育跳绳训练提供一定的参考与借鉴。

跳绳是一项非常基本的体育运动形式，中小学生活泼好动的性格也非常适合这项体育运动，在提升学生的耐力和爆发力以及全身的协调性和灵敏性上有着十分显著的效果，对学生身体健康发挥着积极有效的作用。

目前，1分钟跳绳是广州市初中毕业生体育考试中的一个选考项目，该项目考核学生1分钟内快速跳绳的次数，目前满分的要求是1分钟176次。现在，选择这项作为考试项目的学生占多数，那么如何有效提高学生快速跳绳的技能是多数一线体育教师期待解决的难题。

学生在跳绳日常训练和测试中，容易紧张和焦虑，注意力不集中，经常出现绊绳，最终影响跳绳成绩。为此，学会正念训练的方法尤为重要。正念训练作为一种新的心理训练范式，结合1分钟跳绳运动的特点，有以下几点练习方法和应用策略。

1.正念呼吸

正念呼吸是通过对呼吸的关注，减少杂念和焦虑，从而使内心清净放松。这是对抗压力的技能里最为强大的压力管理工具之一。可以在任何场合、任何时间，并且任何人都能够进行。

教师可指导学生选择一个舒适的坐姿，要求学生将双眼闭上。当光线干扰的刺激降到最低时，其他感官都会活跃起来，脑部也能更专注。

用语音提示学生将注意力放在感受自己胸口的起伏上。当思绪涌来抢夺你对呼吸的注意力时，觉察这些思绪，然后有意识地放开那些思绪，若是在感受自己胸口的起伏时产生了杂念，就睁开眼睛休息一下，接着再次投入呼吸中，并将注意力转回你的呼吸上。借助运用心理控制的呼吸技巧，简单地尽可能深而缓慢地呼吸，试着不加以控制。以能够专注1分钟，完全不浮现其他杂念为准。

2.锚定练习

锚定就是将注意力集中在一种感官上，一旦发现自己思绪飘忽不定，立刻将注意力拉回到某种感官上。

教师可指导学生练习时坐在垫子上，脚平放在地板上，后背挺直。将注意力集中在双脚上，体会脚的感觉，体会它的重量、温度、酸麻感。体会此刻内心是否有些许对此的评判，如果有则立刻将注意力重新拉回双脚本身。

闭上眼睛，观呼吸3~5次，专注地聆听所处环境中的三种声音、感受身体的三种触觉、睁开眼睛观察三样事物；接着专注地聆听所处环境中的两种声音、感受身体的两种触觉、睁开眼睛观察两样事物；再接着专注地聆听所处环境中的一种声音、感受身体的一种触觉、睁开眼睛观察一样事物。闭上眼睛，再做三个深呼吸，慢慢睁开眼睛，回到现实，将注意力集中在一种感官上，一旦发现自己思绪飘忽不定，立刻将注意力拉回到某种感官上。

3.身体扫描

身体扫描是一个将身体和心理建立联系的绝妙方法。先把意识转移到左脚的一个部位，感受一下脚跟、大脚趾以及左脚的脚底；把意识提升至大腿，感受一下大腿以及它和左边臀部的连接部位；把意识从左边臀部撤回到左脚，再把它转移到右脚，然后到身体躯干再到上肢，最后到头部，从头部到脚趾，把意识扩大至整个身体。把头部、颈部、肩膀、手臂、手、胸部、背部、腹部、臀部、骨盆区、腿以及脚全部连接起来。

扫描身体时，可能会遇到一些紧张的区域，尽量放松，如果不能，就让这种感觉顺其自然，任其扩散到它们要去的地方。扫描身体时，把注意力集中在身体的感觉上，以及由这些感觉而引发的想法或情绪上。

在教会学生上述三种练习方法后，可在每周体育课跳绳训练前利用2～3分钟时间来练习，课后要布置作业让学生利用课余时间每天坚持正念训练练习，练习时间持续8周以上。

同时要注意，在正念训练时，教师要观察学生练习状况，根据不同学生的训练实际对训练安排进行动态调整，特别是学生出现不能跟上训练进度时，要适当放慢训练进程，并与学生在日常训练、生活中进行相互分享和讨论。

广州市某学校2019级初三年级选考1分钟跳绳的学生都是学习1分钟快速跳绳有一年以上的时间，并且长期训练、技能较稳定。对这些学生进行问卷调查，筛选对1分钟跳绳有焦虑和有特别紧张情绪的学生共63人，进行试验对照测试，结果如表2-1-5所示。

表2-1-5　正念训练前后学生跳绳平均成绩对比（63人）

类别	正念训练前	正念训练后
时间	2019年2月	2019年4月
1分钟跳绳平均成绩	132次	156次

测试结果显示，学生在持续8周的正念训练后，控制注意力的能力加强，对跳绳项目的紧张焦虑情绪减弱，技能发挥更稳定，对周围的环境更加留心，出现更积极的情绪，包括快乐、热情、充满活力，并且跳绳成绩有较大幅度的提高。

正念训练能提升注意力的品质、广度、稳定性和分配转换能力，将注意力从繁杂的思维中抽离出来，关注到具体对象，如当下的感受、身体的变化、周围的声音等，让学生不带批判、不逃避且有意识地进行注意活动。本研究再次证实了这一结论。研究表明，经过8周正念训练之后，学生的焦虑水平与跳绳平均成绩水平差异明显，结果如表2-1-6所示。

表2-1-6　　正念训练前后学生跳绳平均成绩水平差异的比较

类别	平均成绩	显著性水平
正念训练前跳绳水平	132次	0.058
正念训练后跳绳水平	156次	0.011*

*$P<.05$

正念训练作为一种新的心理训练方式，已经在竞技体育训练领域取得了较为理想的应用成效。通过文献研究、调查分析和教师访谈，针对正念训练在中考体育快速跳绳训练中的应用研究发现，目前大多数文献资料和训练方法都是在针对学生开展快速跳绳技术训练方面的研究，极少运用心理技能训练来帮助学生。而正念训练正好可以降低学生的心理压力，改善其焦虑和抑郁水平，提高中学生的自我控制能力，有效应对负面情绪，增加学生的主观幸福感，提高心理健康水平。

正念训练可以提升身体知觉的能力，在面对逆境和挫折或情绪起伏的时候，能不对这些刺激进行评判和反应，有效地控制注意力，将分散的注意力重新集中到当前的状况中来，让练习者不以自我为中心来觉知当下的训练和比赛，从而能够解决之前固有的情绪反应模式带来的负面影响，帮助学生更加了解身体当下的状况，有效地应对训练和考试，建立积极的人生态度，提高健康的心理素质。

在实际操作时需要提醒学生注意：

（1）注意呼吸。正念练习的核心是观察和注意呼吸，可以闭上眼睛，深深地吸气，然后慢慢地呼气，注意呼吸是如何进入和离开你的身体的。

（2）接受你的感受。在练习过程中，可能会遇到各种各样的感受，如焦虑、疲劳、不安等，这些都是正常的，应该接受它们，而不是试图抵抗或改变它们。正念练习是一种放松和平静的活动，不应该感到压力或紧张。如果觉得不舒服或困扰，就停下来，做一些自己喜欢的事情。

（3）持续练习。正念是一种技能，需要时间和持续地练习才能掌握。即使你每天只练习几分钟，也比一周只练习一次要好。

正念练习虽不是教育方法，但可以应用于教育当中，能让学生在轻松愉悦的环境中调节自身，提高注意力，增强学习效果。在正念练习中，我们需要针对学生练习的便利性、需求性等具体条件，对练习时间、练习技术的比重分配进行精细设计，这样就能更有效地提高学生的注意力。

第四节　人格成长辅导实操案例

当生命失去恩宠的时候，

请赐以我欢歌。

——泰戈尔

你才是解决自己问题的专家

——心与心的陪伴为来访学生高效赋能

在多年的一线心理辅导工作中，我逐渐发现，跳出问题看来访者，发现他暂时没有长出来的能力是什么，然后通过一定的方法给来访者赋能，当他的这项能力增强了，他的问题也就迎刃而解了。主要的赋能方法包括提高觉察力、沟通力、行动力和生命力。

我们先来一起看看四个案例：

1.身体不适的女孩

小萌，14岁，初二年级。在小萌初一年级的时候，因妈妈要去外地陪爸爸工作，把她寄放在姑妈家，一开始她也是同意的，但是渐渐地她每天开始情绪低落，莫名哭泣，无法学习，后来甚至出现各种身体不适，如头晕、呕吐、发烧等症状。妈妈只能回来照顾她，但她却越来越严重，甚至不能上学。初一年级的暑假，父母带她去医院诊断，诊断结果是重度抑郁症，遂来求助心理老师。

2.被家暴的男孩

小和，15岁，初三年级。初三年级刚开学开展综合实践的第一天，他来上学时吓坏了班主任和班里同学。原来，他前一天晚上被爸爸暴打，打得遍体鳞伤，手脚肿胀，满胳膊都是抽痕，耳朵、脸上、膝盖、指甲多处出血，惨不忍睹。班主任马上联系他父亲，要求带他去医院验伤，不能参加综合实践活动。可是他的父亲坚决不来。班主任说，如果你不出现，我们就报警！局面一度非常僵持，校医马上联系心理老师求助。

3.不上学的男孩

小林，12岁，初一年级。小林刚刚入学初中，无法适应中学环境，不肯上学，被家长强制来校后就各种身体不舒服，一直躺在校医那里，偶尔在班里的时候也是闷闷不乐，不愿与同学交往，独来独往。开学三周后这种情况依然没有好转，班主任遂求助心理老师。

4.痴恋的女孩

小婉，13岁，初二年级。小婉在初一的时候喜欢班上一个男生，两人交往，后来对方不想和她在一起了，她冲动地跑去教学楼二楼，欲跳楼，被老师拦下。后来她很快又喜欢班里另一个男生，两人交往，因男生父母的反对和阻止，男生也要和她分手，她难以接受，在班级歇斯底里地哭、跪，跑去男生家楼下哭、跪，打这个男生、扔他的东西。班主任和家长都拿她没有办法，遂求助心理老师。

以上四个案例都是令人非常头疼的。案主求助动机不明显，多数是被老师和家长带过来的。案主在认知、情绪、行为、人格、意志等方面都存在明显的偏差，有的个案已经诊断为神经症。心理老师在这时会觉得压力较大，无从下手。而我在做这些个案的时候，采取跳出问题的思路，通过高效赋能训练来访学生，让他们具有自己解决问题的能力。

高效赋能训练一：觉察力

每个人在人生道路上都可能出现暂时的迷茫和停滞，出现很多消极的想法和消极的情绪，当这个人被这些消极的想法勾住，容易做出很多无效的行为，被拉进痛苦的泥潭。虽然生活中要发生什么事不在我们的掌控中，但是遇到逆境就听天由命吗？其实不是，拉你进泥潭的是你自己对问题的想法，而你却茫然不知，这很有可能是你的觉察力不够，你不知道自己为什么会这样，为什么会这么痛苦。觉察即疗愈，当一个人意识到他的状态不对，没有任其越陷越深，他就有重回正轨的希望。关于觉察力的练习，我采用的方法很多，包括正念观呼吸、正念身体扫描、正念身心受转化、ACT情绪的经验性接纳、OH卡、沙盘。通过这些训练技术，让来访者看见自己目前的状态，活在当下，体验此时此刻而不是过去或者未来，提升对自己整体状态的觉察能力。例如：如果发现自己不对劲，先赶紧做"STOP"，把自己从不对劲的状态里面抽离出来，迅速做一些与当前状态不一样的动作，如深呼吸、肌肉渐进放松等，这些小技术可以把注意力从头脑放回身体，让人从心理僵化的状态里跳出来。接着问自己几个问题：（1）这是我想要的状态吗？（2）我真正想要的是什么？（3）我现在有哪些选择呢？（4）为了得到我想要的，我现在可以做什么呢？（5）现在的情绪让我身体哪里不舒服？（6）如果这个情绪有颜色和形状，它是怎样的？（7）好好看看这个情绪，看看它会不会有什么变化，你可以把它画出来……回答了这些疑问，也许你就会出现新的感受和思路，如果还是不清晰，可以借助OH卡或者沙盘探问潜意识世界，寻找答案。

在身体不适的女孩这个个案上，我充分建立了咨访关系，并将重点放在增强她的觉察力上。我们通过OH卡做家庭排列，发现她把自己的父亲卡牌排在自己和母亲卡牌的下面。经过小萌的叙述，她觉察原来自己是嫉妒爸爸抢走妈妈，但内心又觉得不应该这样而产生了巨大的内心冲突。与她经过两次咨询后，她最后选择将父亲的卡牌排在母亲旁边，而自己的卡片放在父母下面，回到家庭正常的序位，她身体的不适再也没出现了。

高效赋能训练二：沟通力

人与人的连接是人心理健康成长的五大营养之一，许多人不曾好好地爱过身边的人，也不曾被身边的人爱，感受到的是冷漠和封闭的人际世界。有的人甚至失去自己而迎合他人，这是人际关系最糟糕的状态。如果人与人之间可以放下戒备和防御，把紧紧收拢的心放开一点，直面自己的内心，勇敢地说出自己的感受和希望，那么压抑的情绪会得到极大的释放和宣泄。一次有效的沟通，肢体语言占55%，声音占38%，语言的表达仅仅占7%，如果只是通过讲道理来沟通，效果并不好。关于沟通能力的训练，就是要让学生认识情绪、探索情绪背后的需求，学会表达情绪，少评判，多发表感受。

在被家暴的男孩这个个案上，我直接采取家庭治疗的模式，让孩子和父亲面对面坐下来，通过OH卡，让孩子将自己的内心世界全面展现在父亲面前。父亲发现，原来孩子有这么多的压抑和负面情绪，而自己却茫然不知，只是用打骂的方式教育孩子，从来没有走进过孩子的心里。接着，我使用萨提亚沟通姿态雕塑，让父子俩体会内心的感受，并将这些感受说出来，父亲流下难过的泪水，孩子也泣不成声。咨询结束时，父亲表示以后会好好和孩子沟通内心的感受，少指责，不再打孩子。

高效赋能训练三：行动力

让来访学生能够认识到人不是问题，人对问题的看法才是问题，当问题被外化出来后，引导来访者明确自己的价值，也就是他最期待的生活是什么样的？承诺相应的行动配合价值的实现，这样就可以不只是纠结于问题本身，而是跳出问题发现更多的资源和可能。多数来访学生反映的一个问题是我想改变，但是太难了，如何想到就可以做到？这成为很多心理老师做辅导时候的困境。在ACT疗法中有一个很好实操的训练方法叫作成长之路，首先和来访学生探讨他的价值，这里的价值是每天都可以通过努力往前走的目标，每次咨询先确定现状分数，如果能够提高一分，来访者会做什么？在下一次咨询时探讨行动的效果以及阻碍，慢慢向前滚动，来访者行动的车轮就转起来了。

在不上学的男孩这个个案上，案主缺乏存在感，在班级感受到了孤独，无助，所以不愿意来上学。我与他一起建立了成长之路，他给出的价值目标是成为一个受人欢迎的人。目前的现状分是1分，这1分是代表在班级只有一个认识的小学同学，但是关系一般。我问他如果达到2分该怎么做？他说可以做的是主动和这个小学同学交流，但有可能遇到的阻碍是那个同学不喜欢和他玩。我说如果是这样就试试和小组的其他同学熟识。3周之后，案主高兴地说自己可以有5分了，因为那个小学同学已经是他的朋友了，并且小组的同学也能和他正常交流。

高效赋能训练四：生命力

生命教育就是对学生的每一次生命活动进行关怀，学习过程就是一种享受生命的过程。这种关怀是社会价值、个人价值和教育自身发展价值在"生命活动"实践中的统一，使生命质量得以提升。一些来访学生本身对生命没有正确的认识，在情绪冲动的时候，容易做出轻生的决定。为了激活来访学生的生命力，让他们明白生命的可贵，明白人是如何在世界上运转的，我使用的训练方法是生命金字塔。生命金字塔分为六层，分别是环境、行动、能力、信念、身份、系统。和来访学生慢慢地探讨每一个层级，不清晰的部分可以借助OH卡和沙盘来呈现，真正帮助学生厘清自己面对困扰时的生命金字塔是如何运转的，激发内在驱动力应对该问题。

在痴恋的女孩这个个案上，女孩为了爱情想轻易了结自己的生命，用歇斯底里的方式发泄失恋的痛苦，其实都是生命力不足的表现。于是，我重点和她探讨失恋这件事的生命金字塔，逐层让她分析她自己可以做什么，特别是在能力、信念、身份、系统这些比较高的层级上为她赋能，让她发现更多的自己，生命不只有爱情一个主题，还有很多。经过3次的辅导，这个女孩基本走出失恋的阴霾，勇敢面对新的学习生活。

后现代的心理疗法强调用心陪伴每一个来访学生，倾听他们的心声，与他们共同面对困难，不指导学生如何解决问题，而是用高效赋能训练法提高学生自身能力，让学生成为解决自己问题的专家。在咨询的过程中始终贯彻让来访学生走向他们想要的世界，而不是逃离他们不想要的世界，用接纳的态度面对自己，与自己的想法解离而不是融合；运用自身的能量去解决这些困难，明确自己的价值目标，做出承诺的行动，让来访者在更大的蓝图下接触到对他来说真正重要的东西；用核心价值引导、促进、激励自己，使自己真正有所改变，以开放的姿态接纳所有经验，全身心地投入到正在做的每一件事中。

幼花的蓓蕾开放了，

它叫道："亲爱的世界呀，请不要萎谢了。"

——泰戈尔

寻找生命的力量
——学校心理辅导中的叙事实践地图探究

在中学心理辅导实践中，心理老师非常适合使用叙事疗法开展心理辅导工作，以温和而有力的内在逻辑，引导学生自我成长，发掘内在能量，朝价值目标行动。在学校平时的心理辅导实践工作中，来访学生都是带着问题而来，他们在来咨询室之前或许已经和这个问题打了很久的仗，身心俱疲，他们的心灵渐渐开始迷失，忘记了自己本来的面目，忘记了自己本来的目标，将自己卷入负面想法或情绪中。因此，我们需要绘制一幅心灵地图，帮助他们找到心灵的家园。本案例根据叙事疗法的相关技术，总结出叙事实践地图实操指引，用真实辅导案例示范在学校心理辅导中叙事疗法的实操应用。

一、叙事地图之出发

你如何看待自己的问题？它是否是你的一部分？或者你已经将自己等同于问题？在寻找心灵家园的起点时，要先好好认识一下来访者和问题的关系。

1.初识外化问题

学生来访者一般很着急解决自己的问题，心理老师首先让来访者简要叙述自己的问题，如果这些问题是一本书或一部电影，那它名叫什么？请来访者为它命名，于是，我们就能得到对这个问题进行称呼的名称。"×××如果有形态，它会是什么样的？"（具象化）；"×××是什么时候来到你身边的？"（溯源）；"×××什么时候会变大？什么时候会变小？"（寻找例外）。通过一些外化的语言帮助来访者与问题拉开距离。

心理辅导实操片段：

心理老师：刚才你讲述了自己面临的问题，那我请你思考一下，如果这些问题是一本书或者一部电影，它会叫什么名字？

来访者：心瘾。

心理老师：心瘾如果有形态，它会是什么样子的？

来访者：一只黑手，大概这么大（手掌大小）。

心理老师：哦，一只黑手，那它是什么时候来到你身边的？

来访者：小学二年级的时候，我看到别人有一些好玩的玩具，我很想要，心瘾就出现了，我就偷拿了别人的东西。

心理老师：哦，那个心瘾从二年级出现，到现在你初二年级了，它和你相处了6年，你有没有发现，什么时候心瘾会变大？什么时候心瘾会变小？

来访者：心瘾是在我看到别人有好东西的时候就变大了，好像把我的心抓住，告诉我一定要偷这个东西。

心理老师：那心瘾什么时候会变小？

来访者：当我想到老师、同学发现我是小偷时，对我的鄙视和仇视，心瘾就会变小一点儿。

2.问题与人的相互影响

问题与人相处的过程，其实是一个互相影响的过程。来访者首先会做出一些行为策略来应对问题，如果失效，问题反过来又会进一步影响人，所以，厘清问题与人的相互影响非常重要。在这个过程中，需要找出有效的行为策略以及无效的行为策略，并探讨这些策略给来访者带来的代价。

心理辅导实操片段：

心理老师：那个"恨"对你的生活有什么样的影响？

来访者：那个"恨"对我影响很大，我现在几乎无法正常学习和上课，一想到我父母，我就非常烦躁。

心理老师：看来那个"恨"对你的影响挺大的。那你用过什么方法应对它吗？效果怎么样？

来访者：我和我妈激烈地争吵，我甚至离家出走半夜不回家。

心理老师：你做了这么多，效果怎么样？那个"恨"变小了吗？

来访者：没有，反而更增加了"恨"。我离家出走，他们都没有来找我，我更加恨他们。

心理老师：所以你是否觉察到你之前的行为策略对于解决这个"恨"没有太多帮助？

来访者：是啊。

二、叙事地图之在路上

我们有了一个不错的起点，但在寻找心灵家园的路上依然会困难重重，也许本来都没有路，需要一步步走出来。这个搭建的过程非常艰辛，需要咨访双方付出很大的努力，最重要的是找到问题故事以外的支线故事，通过改写、重组和见证，逐渐让归家的道路清晰。

1.对问题的认同

很多人可能从来没有和问题对话过，"如果问题会说话，它会对你说些什么呢？"这是一个非常重要的对话，它可以帮助来访者自己审视问题，挖掘问题背后的价值。当我们找到问题背后的价值，才是接纳问题的开始，与问题无休止的战斗就该结束了。

心理辅导实操片段：

心理老师：如果"刺"会说话，它会对你说什么？

来访者：它可能会说，我本来不是刺，我是光滑的。

心理老师：那它是如为何变成"刺"的？

来访者：它是为了保护我，不让我受同学欺负。

心理老师：那你喜欢它吗？

来访者：我本来不喜欢它，它让我没有什么朋友，但是我现在又有一点喜欢它了，毕竟它一开始是为了保护我才出现的。

心理老师：你身边的人是怎么看待"刺"的？

来访者：他们都不喜欢它，都离它远远的，包括我的父母。

心理老师：那你希望"刺"继续存在还是消失？

来访者：我希望它变回本来的样子就好，不要消失。

2. 丰厚支线故事

支线故事是一个人离开问题的契机，所以找到支线入口的点非常重要。一般支线故事的入口会以一些特殊的词、语气加重的地方、特殊意义事件、与问题不相符合的部分等形式存在。所以在对话的过程中需要对支线故事点停留、欣赏。

心理辅导实操片段：

心理老师：刚才你说当你主动和同学靠近的时候，那个"尬"会变小，我很好奇是怎么样的一个情况呢？你能多说一些吗？

来访者：我平时不怎么主动和同学聊天的，当有同学找我说话的时候，我通常不知所措，觉得很尬，但如果是主动和同学聊天，我会觉得没那么尬。

心理老师：那你什么时候会主动和同学聊天呢？是什么样的动力推动你主动去做的？

来访者：有时候我看到他们在聊，发现他们聊的话题我有自己的看法，这个时候我会主动加入说几句，但是如果他们聊的话题我不是很了解，我是不会主动说话的。

心理老师：哦，听起来，你会在细致观察、倾听和思考后，才选择加入，这其实是人际交往沟通时一个很好的习惯。

3. 见证的力量

每个人心中都有一位重要他人，重要他人是个体社会化以及心理人格形成的过程中具有重要影响的具体人物，重要他人可能是一个人的父母长辈、兄弟姐妹，也可能是老师、同学，甚至是萍水相逢的路人或不认识的人。在寻找内心家园的过程中，重组会员，让案主的重要他人见证他的成长、蜕变，这对案主有不可估量的力量。

心理辅导实操片段：

心理老师：这个"坏脾气"的事你告诉过谁？

来访者：我告诉过我的姐姐，她是我的双胞胎姐姐。

心理老师：那你的姐姐是怎么看待"坏脾气"的？

来访者：她对我说，发火之前要深呼吸10秒，这样可以降低愤怒的指数。

心理老师：那你听到姐姐这样说之后，现在那个"坏脾气"怎么样了？

来访者：我会在"坏脾气"来的时候深呼吸一会儿，"坏脾气"就不会那么可怕了。

心理老师：那你的姐姐发现了你的变化吗？

来访者：她有一次睡觉前和我说，发现我最近不怎么乱发脾气了。

三、叙事地图之抵达终点

丰厚了支线故事之后，帮助来访者解决自己的问题，逐渐改写他的自我认同，成为更有力量的人。让来访者在生活中积极尝试，跳出以往的循环圈，体会问题故事以外的精彩生活，把力量迁移到未来的生活中。

心理辅导实操片段：

心理老师：如果将来你要一个人面对生活中别人对你的非议，你会怎么办呢？

来访者：我不会再逃避了，我心里面知道我是怎样的人，无论别人说什么，我都不会像以前那么在意了。

心理老师：你之前说过的那个"柜子"怎么样了？

来访者：那个"柜子"仿佛空间变大了，我有时还是会想待在里面。这是我自己的一个独处空间，但是"柜子"不会再让我觉得那么压抑了。

在叙事的世界里，心理老师可以提供一种温暖、安全、包容的感觉，让来访者充分释放压抑的部分，在心理老师的陪伴下一起寻找生命的力量。这就是叙事疗法在学校心理辅导实践中的新尝试，叙事疗法有很多变化的空间，每个技术都是自由灵活的。心理老师在做心理辅导的过程中需要注意尽量贴近来访者，听懂他的故事，触碰他的心灵深处。其实很多青少年来访者的自我是被压制的，他们在生活中只是缺少一双倾听的耳朵。

心理老师在运用叙事疗法帮助来访者人格成长的时候，需要注意以下几点：

（1）叙事疗法需要心理老师经过专业的培训和指导，具备相关的资质和经验。

（2）在叙事疗法中，心理老师需要与来访者建立良好的信任关系，让来访者感到舒适和安全，以便心理老师更好地了解来访者的生活故事和情感体验。

（3）心理老师要尊重来访者的隐私和个人空间，让来访者有足够的时间和空间表述自己的故事和情感体验。心理老师应该耐心倾听并给予适当的反馈，避免对来访者进行评判或指责，多关注个体的生活故事和情感体验，帮助其寻找生命的意义和价值。

是什么力量使我在这无边的神秘中开放，

像一朵嫩蕊，

午夜在森林里开花！

——泰戈尔

中西合璧　文化自信
——本土化"情志体"心理治疗模型在学校心理辅导中的应用

自心理学诞生以来，以存在现象为根基的解释心理学派和以科学实证为根基的学院心理学派在数百十年间，虽争论不休，但越来越趋于整合。在这种整合的大趋势之下，中国传统文化中的精髓越来越多地为西方各心理学派引用，并提供了大量科学实证的研究成果。

传统的心理治疗起源于精神分析，弗洛伊德作为精神分析的鼻祖，他用独特的视角来理解人的人格结构、心理功能、心理发展过程等，并与他的病人们一起创造了自由联想、谈话疗法等经典精神分析方法。然而，弗洛伊德的后辈诸如荣格、霍妮等研究吸收了大量中国道家、易经的思想精华，最终和弗洛伊德分道扬镳。在我看来，他们最主要的分歧在于对生命能量的界定。其实，浸润于博大精深的中国传统文化海洋，你就会发现，智慧的中国先哲早就给出了答案：吾性自足，不假外求。也就是说，生命能量是每个人本来就具备的，只是因为各种影响因素，使得人们处于混沌之中，没有发掘出原始的生命能量来应对现实的问题。

结合道家、易经、中医、心学、禅宗等文化思想脉络的本土化心理治疗模型在中国蓬勃发展。中医认为，情志致病，百病生于气。这里的"气"是指推动人体内新陈代谢、生长发育、抵御固摄、感应传导的物质。《黄帝内经·素问》里的"举痛论"中就有阐述："余知百病生于气也，怒则气上，喜则气缓，悲则气消，恐则气下，寒则气收，炅则气泄，惊则气乱，劳则气耗，思则气结。"《黄帝内经·素问》中的"阴阳应象大论篇第五"阐述了"悲怒恐喜思"五种情绪对应天地五行"金木水火土"、人体五脏"肺肝肾心脾"，它们之间相生相克的关系为："怒伤肝、悲胜怒；喜伤心，恐胜喜；思伤脾，怒胜思；忧伤肺，喜胜忧；恐伤肾，思胜恐。"叶天士医案里记载："七情致损，五志内伤，情志之郁，药难霍然。"

可见中医认为情绪和认知是身心问题的根源。生活中常见的一些疾病，如"甲亢""神经衰弱""冠心病""高血压""肠易激惹症""哮喘""癌症"等都与情志失调有直接的关系。

面对来访学生的各种身心症状，我也经常在思考，什么是致病因素？什么又是治疗因素呢？如何发掘来访学生本身具足的生命能量呢？带着这些疑问，我研读了《黄帝内经》等中医国学经典和各心理流派理论，结合多年西方心理咨询技术的学习和个案辅导的实践经验总结，构建出适合学校心理辅导的本土化"情志体"心理治疗模型（图2-1-12）。该模型以整合的视角来看待身心的问题，即将情绪、认知、身体三者打通关联，运用西方心理学中的情绪接纳技术、认知信念调节技术以及中医点穴、艾灸、吐纳技术，对学校心理辅导中常见的各种一般心理问题、严重心理问题、轻度神经症等有非常显著的疗效。

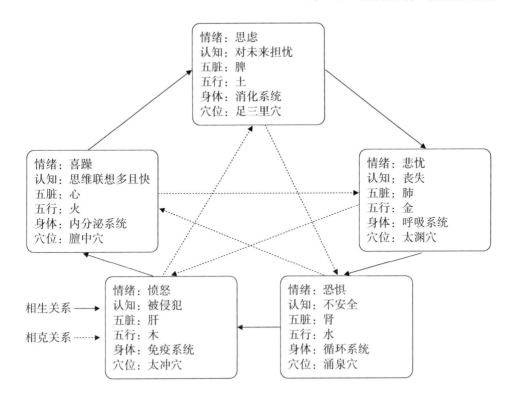

图2-1-12 本土化"情志体"心理治疗模型

该模型详细归类了五种情绪对应的认知特点、五脏、五行、身体系统和主要常规保健穴位，一目了然，清晰明确。可以帮助心理老师厘清"情志体"三者之间相生相克的关系，在心理辅导工作的时候，利用这些关系，开展针对性的治疗。

一、利用情绪间相生相克的关系，进行"情志体"三向调节

情绪之间有相生相克的关系。在心理辅导中，通过收集来访者基本情况资料、过往重大生活事件、目前的主要困扰等，评估和判断来访者主要是受何种情绪困扰，利用情绪之间相生相克的关系，即"恐生怒、悲胜怒；怒生躁、恐胜躁；躁生思、怒胜思；思生悲、躁胜悲；悲生恐、思胜恐"，可以起到调节作用。

案例基本情况：小环，男，初一年级学生，主诉由于参加了爷爷的葬礼，看到了"不干净"的东西，连续一周，夜晚不能安然入睡，脑海中总是闪回恐怖的画面，甚至半夜会惊出一身冷汗，白天头疼严重，遂主动求助心理老师。

个案概念化：小环因为爷爷去世，非常悲伤，即"悲生恐"。在葬礼时看到"不干净"的东西，这种情况属于创伤后的应激反应，以头脑闪回的形式不断重复创伤的画面，恐怖情绪比较严重。根据"悲生恐，思胜恐"的情绪相生相克原理，对小环进行情绪稳定化处理，特别对"不干净"的东西做一定的"思"——认知加工处理。辅助热水泡脚和点按涌泉穴，对治疗头疼、失眠有很突出的效果，以缓解恐怖带来的身心症状。

（一）干预过程

1.三调放松。引导小环身体放松、呼吸放松、心态放松，进入安静美好的想象空间。

2.设置遥控器。引导小环在头脑中创设一个遥控器，这个遥控器可以对屏幕的定格画面进行各种处理，包括加音效、贴图、部分放大、部分缩小、颜色调节、模糊画面、快进、倒退等。

3.处理积极画面。引导小环在头脑中回忆一个美好的生活场景，用遥控器进行加工，最终将满意的画面定格，并打印出来，装在相框，挂在想悬挂的地方。

4.处理消极画面。引导小环在头脑中回忆不断闪回的那个恐怖画面，用遥控器进行处理，比如模糊画面，给"不干净"的东西穿上小丑装等。处理完后，引导小环把这个处理之后的画面也打印出来，放进保险箱，记住密码，想看的时候再看。

5.回看积极画面。引导小环再次来到悬挂积极画面的地方，仔细欣赏这个美好的画面，感受当时愉快的情绪。

6.结束唤醒。引导小环慢慢从想象中回到现实空间。

7.点按穴位。教会小环点按足底涌泉穴的方法，涌泉穴位于足掌心。每天晚上热水泡脚之后，点按5分钟，坚持2周。

（二）效果评估

经过2次情绪稳定化处理和认知加工处理辅导，将小环恐怖情绪的画面进行认知加工，减少恐怖对小环的影响。小环每天坚持热水泡脚和点按穴位，在第二周开始渐渐有了比较好的睡眠，第三周后基本没有躯体不适的症状了。

二、利用情绪对应的五脏和穴位，进行"情志体"三向调节

中医认为，人体经脉分布于全身，是负责运行气血，联络脏腑的通道，穴位则相当于通路上的关卡。当人产生一定情绪反应的时候，会影响气血的运行，产生气血滞留，时间长了会诱发相应的器官损伤。情绪的问题对身体的五脏功能主要有以下影响作用："怒伤肝、躁伤心、思伤脾、悲伤肺、恐伤肾"，这在很多临床病例上都有大量的印证。点按穴位和艾灸穴位可以疏通经脉，打通阻滞，恢复气血顺畅的运行状态，从而反向调节情绪。

案例基本情况：小希，女，初三年级学生，主诉快中考了，每天都很焦虑，食欲不振，容易疲惫，学习效率低。

个案概念化："思伤脾"，焦虑忧思影响脾胃的运化，致使脾胃不和，食欲不振，能量供给不足，小希更加没有什么精神应对繁重的学业，如此进入恶性循环。足三里穴位，位于小腿外侧，犊鼻下3寸，在此处艾灸，有调整肠腹的功能、增加消化的能力，还具有一定的治疗胃痛、胃胀、腹泻、便秘的作用。在艾灸穴位的同时进行认知调节和情绪调节的辅导，三管齐下，能够改善焦虑带来的身心不适。

（一）干预过程

1.身体穴位艾灸。指导小希每天中午12：00～13：00期间艾灸足三里穴位15分钟，坚持三周。通过艾灸穴位，疏通脾胃气血，令小希食欲恢复，精神好转。

2.认知调节。中考临近，小希有焦虑的情绪很正常，引导小希把头脑中焦虑的想法都罗列出来，找出不合理的认知部分，每当不合理的想法又出现在脑海里的时候，伸出手臂平举，想象紧抓这个想法不放，保持动作2分钟，体会手部平举的酸痛。告诉自己，如果头脑中一直有这个想法，头脑也会疲劳，不能专注学习，提醒自己有意识地放下这个想法，把注意力放在该做的事情上。

3.情绪调节。运用情绪具象化技术，帮助小希把焦虑外化出来，与焦虑对话，缓解焦虑情绪。

（二）效果评估

经过2周艾灸和3次心理疏导，小希自述焦虑情绪下降，食欲恢复，精神好转。

三、实践反思

1.做好来访学生和家长辅导前的沟通工作，避免伦理问题

本土化"情志体"心理治疗模型，由于和传统的心理辅导形式不同，吸收了中医传统文化理念，将艾灸、点穴、吐纳与西方心理调节技术相融合，达到疗愈身心的目的。在实施前需要和来访学生以及家长做一定的宣传教育铺垫工作，以期使家长和来访学生理解和认同整合的治疗思路，配合相应的治疗进程。特别要注意，如果家长和来访学生不接受点按穴位、艾灸穴位的辅助治疗，一定不要勉强，尊重来访者意愿。另外，点按穴位、艾灸穴位实施时因为需要触碰来访学生身体部位，最好是由家长为学生居家开展，心理老师不要轻易实施，即使示范也要在家长在场的情况下示范，并要特别告知家长居家保健时的注意事项。

2.以整合思路贯穿应用模型

中医和西方深度心理学都强调人的整体性。中医反对头疼医头，脚疼医脚，强调治病求本。深度心理学如精神分析、荣格分析心理学也是透过意识现象看潜意识层面的深层冲突。所以应用本土化"情志体"心理治疗模型时注意既要看到表层的问题，也要找到深层的问题。来访学生的身心症状非常复杂，"情志体"模型之间没有必然的操作顺序，尤其是如果来访学生身体症状较重时，身体、情绪的调节优先，认知调节靠后，只有来访者身体有精力、心灵有空间，才能听得进去、动得起来。

总之，本土化"情志体"心理治疗模型的构建充分运用了"东西合璧，身心一体"的整合理念，调动来访学生本身具足的生命能量，将身体、情绪、认知三者有机运化，疗效非常突出。本土化"情志体"心理治疗模型的构建和应用更是彰显了我国中医传统文化自信的部分，是对本民族自身文化价值的肯定和积极践行。

> 只让我在这天空中高飞，
> 翱翔在静寂的无限空间里。
>
> ——泰戈尔

生涯逐梦　赋能未来
——广州开发区中学学生涯赋能教育实践活动

初中生正处于生涯探索阶段，适当进行职业了解、性格的历练，完善学业方面的自我规划是非常必要的。广州开发区中学多年来积极探索生涯赋能教育实践活动，将学校心理教育、素质教育、行规教育、社会实践以及家庭教育密切结合，为学生生涯发展赋能，帮助学生充分了解后续的生涯发展阶梯，有效协助他们有规划地逐步迈上新台阶。

学校在生涯赋能教育活动实施中，围绕三课一体化、心理辅导、心理讲座、职趣活动、社团活动、志愿服务、走读社区、走读广州、走读中国、企业探访、走进高校、家长讲堂、家长赋工作坊等内容展开，学生在各类实践活动中得到了充分展示与丰富体验，为学生自身身心健康、人生探索与未来发展赋能。

一、实施目标

学校生涯赋能教育实践活动的实施目标是基于学生心理发展的生涯赋能教育，促进学生全面身心成长，其根本任务是建构完整的人格，使学生有效地适应社会，终极目标是学生的自我实现。

1.通过探索初中生个体心理的发展过程与发展机制，研究特定文化与家庭生态因素对于个体心理发展过程与途径的影响，促进个体心理人格等身心诸方面的发展。

2.借助生涯测试以及系统全面的生涯赋能教育活动与实践，使学生从人格、价值、兴趣、需求、潜能等多方面了解自己、接纳自己，增加学生的自我效能感，引导初中学生对学涯、职涯等生涯发展与规划问题进行思考。

二、实施内容

学校生涯赋能教育成功整合校内外各种资源，包括三课一体化（心理课、班会课、综合实践课）、科学的生涯测试、个性化指导、社团活动、科技节、读书节、艺术节、体育节、职趣主题活动、志愿活动、走读社区、走读广州、走读中国、名企探访、走进高校、家长讲师团、家长赋能工作坊等，建立德育、心理、学科教师、班主任、家长参与的联动机制，从内在启迪、激发学生的生涯发展潜能，提高教育的实效。通过这些丰富的实践体验经历，增加了学生的自我效能感，激发起学生兴趣和学习动力。学校生涯赋能教育具体分为四项实施内容（图2-1-13）：

1.心理赋能助推生涯觉醒力。通过"三课一体"启蒙生涯觉醒，促进学生主观自我探索，对自身性格、能力、价值观、需求概念、职业兴趣等进行科学测试。

2.职趣活动激发生涯探索力。开展跳蚤市场、社团活动、科技节、读书节、艺术节、体育节、志愿服务队等活动。

3.社会实践开拓生涯储备力。开展走读社区、走读广州、走读中国、名企探访、走进高校等社会实践活动。

4.家校携手提升家长角色胜任力。举办家长讲师堂、家长赋能工作坊等活动。

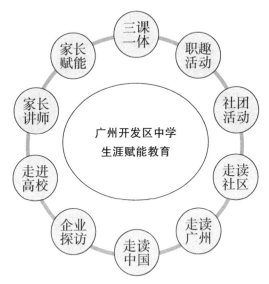

图2-1-13　学校生涯赋能教育内容

三、实施过程与方法

生涯赋能教育是专业引领下的"全员教育"，学校成立生涯赋能教育研究组，由德育校长担任组长，德育主任担任副组长，中坚力量组员们包括心理教师、班主任、科任教师等。生涯赋能教育研究组每学年有计划、有组织、有落实地开展一系列生涯赋能主题活动，具体实施过程与方法包括以下四个方面：

（一）心理赋能助推生涯觉醒力

学校将心理健康教育与生涯教育有机结合，让学生具备更加积极和优秀的心理状态，增强了他们科学规划自身未来发展的主动意识，引导他们不断提升个人素养，努力成就人生梦想。全体德育工作者通过开展"生涯与发展"课程（包括心理课、班会课、综合实践课）、心理讲座、心理辅导、"525"心理健康主题活动月等多种心育形式联动，唤醒学生的生涯规划意识，提升学生生涯规划的能力，助力学生有梦可追，追梦有方。

1."三课一体"生涯与发展课程开发

生涯发展是一个理性的过程，生涯历程也是一个生涯模拟的学习过程，分为生涯觉醒、生涯探索、生涯抉择、生涯规划、生涯准备等阶段。初中生正处于生涯觉醒和探索的阶段，因此学校的生涯赋能教育考虑到学生的差异性与阶段性，依照学生生涯觉醒的程度分层次、分阶段逐步推进。学校常规开展"生涯与发展"课程，将"心理课、班会课、综合实践课"三课一体化，由专职心理老师、班主任、综合实践教师教授生涯赋能系列辅导课程，包括以下三个部分的内容：

（1）"生涯理论节"。通过《我是谁？》《谁讨人喜欢？》《跳出头脑包围圈》《多元智能光谱》《生涯规划之曲线救国》《开发大脑潜能》《潜意识图卡心灵之镜》等内容，帮助学生了解自我、提升情商、开发潜能、增强心理素质。

（2）"生涯指导节"。通过《职业兴趣岛——霍兰德职业兴趣测试》《学习风格测试》《注意力测试》《学习动机测试》《需求倾向测试》等内容，帮助学生科学运用测评结果，指导自己的中学生活与学业规划，按照生涯方向的指引协调人格、兴趣、能力。

（3）"生涯实践节"。通过《走进厨房》《观光农业》《摄影入门》《理财实战演练》《创意服装》《新能源现状》等内容，面向学生的整个生活世界，其内容与学生个人的生活或现实社会紧密相连，学生通过自己的努力去探索、发现，使学生对生活的认识和体验不断加深，创造性的火花不断迸发。

2."525"心理健康主题活动月夯实心育基础

为深入贯彻落实党的十八届五中全会和习近平总书记在全国卫生与健康大会上关于加强心理健康服务的要求，提升青少年心理健康意识，营造自尊自信、理性平和、积极向上、和谐友善的校园氛围，结合5月25日全国心理健康日，学校团委、学生发展促进中心联合社区幸福港湾，每学年提前计划、周密部署形式多样、内容丰富的"525"心理健康主题活动月。具体内容包括：心理健康讲座、心理团辅活动、心理电影欣赏、心理漫画比赛、家长赋能工作坊、心语朗读等。各个主题内容丰富多彩，深受同学们的喜爱。活动以发展性心理健康教育与积极心理学理念为导向，围绕主题，广泛开展各类心理健康活动，宣传普及心理健康知识，营造良好心理氛围，引导学生正确认识自己、相信自己、完善自己，提升学生心理抵抗能力，培养学生积极向上的心理品质，促进学生健康成长，并努力营造良好、和谐的校园氛围。

图2-1-14　525心理健康主题日活动

（二）职趣活动激发生涯探索力

学校每学年组织丰富多彩的职趣活动，给学生提供了一个体验生活的平台，让学生在校园里就可以提早认识社会。学生在情景模拟和实践中可以提高生活实践和社会适应能力，锻炼口才，陶冶爱的情操，宣扬勤俭朴素的生活作风，这对学生来说是一笔巨大的精神财富。同时，实现资源的再利用，发扬节约精神，提高学生节约意识，为学生提供一个实践创新的平台。

1.“跳蚤市场”职趣活动。一方面增进了学生爱读书、读好书的意识，营造浓厚的读书氛围；另一方面培养了同学们的市场经济意识、理财规划意识。

2.学校加强学生社团建设，助推学生发展，彰显学校生涯赋能教育特色。学校以学生社团的建设为切入口，注重教师引领，制度保障，以“职业体验型"社团建设为重点，突出规模化、多样化发展，探索学生个性化发展的有效途径。目前学校共有30个学生社团，包括公益实践类、学术研究类、艺术类、体育健康类等，充分适应众多学生兴趣特长发展及个性成长的需求。每年参与社团活动的学生超过1000人次，社团文化氛围浓郁。并且开展特色社团活动，如心理俱乐部社团开展"潜意识图卡自我探究"主题活动，田园社开展"我是主厨""我是店长"等主题活动，电视台社团带领小主播参观电视台，与主播零距离接触。这些活动的开展引导学生对自我认识、体验职业乐趣，激发职业生涯探索。

图2-1-15 电视台社团体验小主播活动

3.学校每学年会组织大型的艺术节、读书节、体育节、科技节，为广大师生搭建展现才华、飞扬自我的舞台。活动内容丰富，有摄影展览、"开中好声音"校园之星歌手大赛、"乐动开中"校园舞蹈大赛、器乐比赛、"金话筒"挑战主持人大赛、"阳光校园"书画比赛、各类体育竞赛、朗诵比赛、各类科技技能比赛等，每位同学都能在这些舞台上充分发挥自己的特长，展示自己的才华，真正体现素质教育的核心。

4.学校团委学生会下设四支学生志愿服务队，包括值周班志愿队、食堂志愿队、图书馆志愿队、垃圾分类志愿队。这四支志愿队以循环轮流的组织方式，让每一位学生有机会参与志愿服务活动，实现学生自主管理，培养学生的主人翁意识。

图2-1-16　垃圾分类志愿队

（三）社会实践开拓生涯储备力

"行是知之始，知是行之成。"社会实践活动是当代中学学生全面提高综合素质的重要组成部分，是服务社会的重要渠道和载体。节假日是学生参与到社会活动中的一个主要的时间段，在这段时间里让学生去接触这个社会，感受社会的气息，让他们体验除了学校生活外的全新生活。学生只有走出校园，深入社会，接受实践锻炼，才能够对当地的环境有充分的认识，树立正确的世界观、人生观、价值观，同时又使自身在奉献的过程中受到教育和锻炼，增长自身的见识。

学校秉持知行合一的教育理念，在学生生涯赋能教育上，积极实践"走读社区""走读广州""走读中国"系列活动，帮助学生增加社会阅历和职业体验。

1.走读社区，服务社区

学校每学年组织形式多样、内容丰富的社区志愿服务活动，带领学生深入社区，开展"社区慰问孤寡老人""社区微心愿""社区学雷锋卫生清理""社区交通安全宣传""社区垃圾分类宣传"等志愿服务，深得社区的一致好评。

2.走读广州,读懂广州

了解一座城市最好的方式是用脚步丈量城市的每一寸土地,了解一段历史最好的方式是用眼睛和心灵去感受历史遗迹的变迁。学校每年开展"开中学子走读广州"活动,能让学生们以最快的速度,最直观的方式深入了解广州的"前世今生"。

"走读广州"活动还多次组织学生走进广州大学城和著名企业,了解各个名校、各个名企的历史和特色,激发学生的学习内驱力,树立远大志向,将意识集中于迈出去的每一步,同时还要以尽可能长的眼光去看待问题,尽可能远地去眺望风景。

3.走读中国,我爱中国

"读万卷书,行万里路。"在古人看来,多读书与多游历是一个人求知所不可或缺的两个方面,"读万卷书"是指广博地学习前人的知识;而"行万里路"则是亲历躬行——世界那么大,多走出去看看。2017年,开中学子们在暑假期间背起了行囊开始远行,历时13天,跨越8000多公里,在中国四大分区开启了精彩旅程,特别是带领学生前往甘肃酒泉卫星发射基地参观学习后,学生们对我国航天航空事业的蓬勃发展非常赞叹,立志要好好学习,将来为祖国贡献自己的一份力量。

(四)家校携手提升家长角色胜任力

学校成立家长委员会,邀请家长走上讲台,担任同学们的生涯教育老师,为同学们讲述自己所从事职业的相关专业知识与能力要求,与学生分享自己在专业发展与个人成长过程中的故事,一起探讨人生的发展。

专职心理老师每学年开设家长赋能工作坊,提升家长角色胜任力,帮助家长自我觉察和成长,学会调节自己的情绪、回应自己的需要、倾听自己内心的声音。只有让自己的生命丰盛精彩,才能滋养自己的孩子。同时组织家长学习《正面管教》相关内容,学会温和而坚定地与孩子相处,尤其在孩子青春期阶段,减少与孩子的冲突,增进彼此的理解,成为孩子人生路上的坚强后盾。

四、实施成果

学校生涯教育经过多年践行，形成了比较成熟，具有本校特色的生涯赋能教育，从"课程提升、活动引领、实践体验、家校共育"四个方面全面提升生涯教育的实效性，有效促进学生综合素质的提高。学校培养出自己的专、兼职生涯教育教师队伍，研发校本生涯课程，开设心理课、班会课、综合实践课指导学生进行生涯探索；开展生涯人物进课堂，职业人物访谈，走进大学体验高校生活，走进企业进行职业体验，对学生进行发展性评价，融合德育教育开展生涯教育主题班会课、职趣主题活动周、科技文化体育艺术节等活动，形成了比较完备的生涯教育指导体系，也在区域内形成一定的影响力。

五、实践反思

生涯教育可以通过思政教育、综合实践、心理健康、职业指导、社会实践等多种途径呈现给学生，但是相互之间如果缺乏统筹和关联，会影响学生的接受度和学习效果。目前，青少年群体中还存在着迷茫、脆弱、"空心病"等现象。要改变这一状况，落实"为党育人、为国育才"的教育初心和使命，加强理想信念教育至关重要。

学校生涯教育的工作要点主要集中在以下几个方面：

1.生涯规划与决策能力的培养

帮助学生明确自己的职业方向和目标，培养他们的决策能力，需要协助学生理解不同职业领域的特点和要求，以及如何做出明智的职业选择。

2.建立有效的生涯教学实施体系

包括顶层设计、资源整合、研究引领、实践探索和反思成长等环节。这个体系应该灵活适应不同学校的实际情况，并与学生的专业方向和兴趣相结合。

3.全面发展能力的培养

不仅关注学生的学术成绩，还要注重培养学生的领导能力、创新能力、沟通能力等综合素质。这些能力对于学生未来职业生涯的成功至关重要。

4.职业教育与实践结合

将理论知识与实际应用相结合，帮助学生更好地理解职业领域的要求和挑战。这种结合有助于学生顺利从校园过渡到职场。提供丰富多样的教育活动，如实习、志愿服务、社团活动等，通过丰富学生的学习体验，拓展他们的视野和技能。

生涯赋能教育正是基于对学生的了解和研究去实施的教育。学生有我们想象不到的惊喜和奇迹等待着我们去开发，我们能做的是唤醒他们的生涯意识，给学生提供贯穿教育生命周期全过程的指导，培养德智体美劳全面发展的社会主义建设者和接班人，培养担当民族复兴大任的时代新人，切实落实以习近平同志为核心的党中央对新时代教育提出的根本要求。

第五节　家校合作实操案例

我的心懂你的语言，
就像它懂自己的语言一样。

——泰戈尔

洞悉家庭关系　激发内在动力
——家庭格盘在学校心理咨询中的应用实践

家庭格盘是一种可视化的家庭治疗工具，在众多的心理咨询媒材中，家庭格盘的优势非常突出，它具有便携、灵活、直观的使用感受，可以广泛适用于个体辅导、团体辅导、心理社团、心理常规课等应用场景。通过木偶的摆放呈现家庭关系样态，以格盘作为沟通媒材，用非言语的表达方式传递家庭内在情绪，并使来访者清晰看到自己家庭的模式以及需要调整的部分。在学校心理辅导的实践中，我发现在恰当的时机使用家庭格盘，可以使来访学生或来访家长用俯视的视角直观觉察到之前没有看见的部分，达到激发他们内在改变动力的效果。

一、个案概况

小微，女，初一年级学生，主动求助，自述经常不开心，学习成绩下降。这种情况大概持续好几个月，无妄想、无幻觉、自知力完整、无自残行为和自杀意念。家里有一个弟弟，目前1岁。

二、辅导片段展示

1.开场热身聚焦问题

小微主动来到心理室，情绪低落，她表述自己总是不开心，经常莫名流泪。既然是她自己无法觉察的情绪，我推测可能和她所在的系统有关，可以尝试使用家庭格盘进行辅导工作。

心理老师：小微，你刚刚说自己每天都不开心，有时会莫名流泪，而你自己却不知道为什么，针对这种情况，我想邀请你一起玩一个游戏——家庭格盘，看看它能不能帮到你。好吗？

小微点点头。

心理老师：小微，请你在这张桌子的范围内，用木偶摆出你的家庭，每个家庭成员包括你在内都要摆进来，位置由你决定。

小微摆出家庭格盘。（见图2-1-17）

图2-1-17　小微的家庭现状格盘

心理老师：小微，你摆的是什么时候的家庭？家里有谁？可以给老师介绍一下吗？

小微：这是现在的家庭，有爸爸、妈妈、我、弟弟。

心理老师：看上去，大家的位置距离不同，我想问问，谁和谁的关系更近？谁和谁的关系比较远？

小微：妈妈和弟弟的关系更近，爸爸和我们的关系都比较远，他在外地工作不经常回家。

心理老师：你能给代表自己的木偶取个名字吗？让我们方便称呼它。

小微：……叫"小蓝"吧。

2.外化症状澄清问题

心理老师：好，根据你刚才说的那个"不开心"，选择一个木偶摆进来，它会在哪里？

小微把"不开心"慢慢地放在妈妈和弟弟附近。（见图2-1-18）

心理老师：你把不开心放在妈妈和弟弟旁边，现在请你看着那个"不开心"，把你的手指放在"不开心"上，感受一下那个"不开心"，它是什么时候来到你身边的？如果它有颜色是什么颜色？它如果可以改变形状，会变成什么？如果它会说话，它会对你说什么？

小微默默地感受着"不开心"，不一会，她开始流泪了。

小微：这个"不开心"是弟弟出生时来到我身边的，它是黑色的，像一块大石头那样。它总是对我说："妈妈不喜欢你了。"

图2-1-18　小微的家庭感受格盘

3.探寻成因演绎问题

心理老师：那个"不开心"好像与你和妈妈的关系有关。你能多讲讲你和妈妈的故事吗？

小微：我爸爸因为在外地工作经常不在家，小时候都是妈妈带我，我和妈妈关系特别好，我很爱我的妈妈，一直都是我和妈妈一起睡。自从去年，我弟弟出生，我妈妈就不和我一起睡了，她和弟弟睡，让我自己睡，我特别难受，觉得妈妈不爱我了。我也会刻意疏远妈妈，不听她的话，结果她更不喜欢我了，会骂我不懂事，不帮她带弟弟。

心理老师：通过格盘，你好像知道了自己为什么不开心，以及学习成绩下降的原因，因为弟弟的出生，使你和妈妈的关系疏远了。可以看出，你其实很在意你的妈妈。你看看，如果可以移动你自己的位置，你希望自己在哪里呢？

小微把"小蓝"移动到爸爸妈妈中间。（见图2-1-19）

图2-1-19　小微的家庭愿景格盘

4.寻找资源解决问题

心理老师：当"小蓝"来到爸爸妈妈身边，你的感受如何？请你把手指放在"小蓝"身上用心感受。

小微把手指放在"小蓝"身上，闭上眼睛感受。

小微：我觉得自己开心了一些，和妈妈亲近了。

心理老师：我注意到，你把"小蓝"放在爸爸妈妈中间，这代表什么意思呢?

小微:我有时会觉得爸爸挺可怜的,一个人在外工作养活我们,我也想走近爸爸一些,这样我们才是一个完整的家。

心理老师:那么,如果奇迹发生,你真的可以像"小蓝"那样,站在爸爸妈妈的身边,和妈妈的关系得到改善,你觉得是因为你做了什么呢?

小微:仔细想想,我妈妈很辛苦,一个人带我和弟弟,我这么大了经常惹她生气,弟弟那么小,天天就知道哭,我妈妈一定很烦吧。我想每天做完作业,主动帮妈妈带一会儿弟弟,这样妈妈就可以休息一下,妈妈也会觉得我懂事了,对我的态度变好吧。

心理老师:嗯,通过今天的交流,老师发现你其实很懂事,会为妈妈着想。老师鼓励你按照自己的想法去做,试一试能否改善你和妈妈的关系,好吗?

小微:好,谢谢老师。

三、家庭格盘使用时的实践经验

1.摆放者的部分

(1)把握讲述时间。将来访学生的讲述控制在10分钟之内,这样做既能帮助来访者更简练地描述经历,防止被自己的故事催眠,又可以留出更多的时间进行家庭格盘的摆放和演绎。

(2)摆放者必须在其中。在摆放过程中,要提醒来访学生挑选代表自己的木偶,并把自己摆放其中,这样我们才能直观看到他在系统中的位置和与其他成员的关系。

(3)改变的只能是自己。在演绎的过程中,可以进行位置调整,但要提醒来访学生,理想状态的调整只能通过改变自己的位置来改善现状,而不可以调整其他成员的位置,这点落实在现实生活中就是做先改变自己的行动。

2.心理老师的部分

(1)降低阻抗。如果来访学生一开始并不能清晰地讲述自己的问题,可以直接开始格盘游戏,在游戏的过程中,通过直观的演绎,问题自然会浮出水面，并得到很好的解决。

（2）只反馈事实。心理老师在提问的时候要注意只针对事实进行提问，澄清来访学生的诉求，和他一起讨论现状、感受、变化、行动，注意不要提供任何建议，答案都在来访学生自己心中。

（3）不能侵入格盘。心理老师不要帮助学生或者自己直接移动木偶，也不要提出如何移动的建议。格盘是来访学生自己内在的心灵空间，完全由他自己把控操作，这样得到的解决方案才会更有实效性。

我迷了路，

我游荡着，

我寻求那得不到的东西，

我得到我所没有寻求的东西。

——泰戈尔

扰动家庭互动模式 拓展家校合作空间
——乡村学校家校合作的策略探究

近年来，青少年的心理问题越来越成为全社会关注的热点，媒体报道的青少年自杀、网瘾、弑亲、空心病等案例屡见不鲜。在我支教的乡村学校里，不学习、不写作业、上课捣乱、早恋、孤僻不合群、一来上学就肚子疼、发烧等情况的学生几乎每个年级都有。作为一线心理教师，静下心来剥丝抽茧，寻找青少年诸多偏差行为背后的原因时，总有一个原因会浮现出来，那就是家庭。

乡村学校的家校合作困难重重，乡村地区家长教育方式千差万别，留守、离异、丧偶、寄养等家庭情况复杂，对孩子的成长影响程度也不同，尤其是一些有不良互动模式的家庭，对孩子的身心影响巨大。

本案例就如何通过以家庭治疗为理论背景的家校合作方式来扰动家庭互动模式，突破乡村地区家校合作的局限，拓展家校合作的空间，给出具体与乡村学校和家长协同工作的策略。

我对本校4—6年级全体学生进行心理普查，使用家庭环境问卷（PSDQ）全面调查乡村学校家庭特征以及家庭教养方式，共有温暖陪伴、民主参与、体贴支持、循循善诱、言行不一、放任过失、信心不足等7个维度。据此了解学生的家庭教养情况，发现学生出现不良心理问题可能与家庭因素相关。调查结果如表2-1-7所示。

表2-1-7　家庭教养情况

因子	温暖陪伴	民主参与	体贴支持	循循善诱	言行不一	放任过失	信心不足
实际得分	5.35	4.22	4.70	5.81	3.40	3.56	2.81
常模均值	5.40	4.15	4.75	5.55	3.54	1.30	2.49
常模标准差	2.33	2.29	2.72	2.27	1.75	1.71	1.73
取值范围	0～8	0～8	0～8	0～8	0～8	0～8	0～8

从上表的数据中可以看出，乡村学校家长的教养方式中民主参与、循循善诱、放任过失、信心不足分数高于常模，尤其是循循善诱、放任过失、信心不足三个方面的家庭问题情况比较突出。

由于乡村地区家长受教育水平普遍偏低，不少家长外出打工，家里只有老人带孩子，家校合作的空间非常狭窄，寄养、离异、丧偶等情况更为复杂，不良家庭互动模式对孩子身心成长十分不利。在调查中发现，乡村家庭在循循善诱、放任过失、信心不足三种教养方式问题情况比较突出，说明家长与孩子的情感联结不够，虽重视孩子物质的满足但缺乏对孩子精神的滋养，在行为习惯上没有时间精力管教孩子，不重视孩子优势的培养，使得乡村孩子的自信心普遍偏低。

在这样的情况下，心理教师想要扰动家庭互动模式，拓展家校合作空间，在家校合作的框架中进行家庭会谈，帮助家庭面对自身存在的问题，需要掌握一定的方式方法。

（一）家校合作以解决问题为取向

首先家校合作的目的是解决问题，不是以追责为导向。在家庭治疗的框架里面，家庭问题是循环因果的结果，不是哪一个家庭成员造成的，因此心理教师要能共情父母的困境和不容易。任何家庭里出现偏差行为的孩子，父母都是很糟心的，心理教师不要批判指责家长，要充分尊重家长，与家长建立合作联盟。

（二）注意家校沟通中的立场中立

心理教师在与家庭会谈时，要注意教师的边界和身份，避免陷入家庭问题的旋涡。中立的立场还可以帮助家庭获得第三方视角，探讨解决问题的有效方法，帮助家庭调整养育方式，增进父母之间的合作。

（三）运用家庭会谈技巧，拓展家校合作空间

有时家庭会谈会陷入无话、尴尬的境地，尤其是乡村学校的家长本身文化水平的限制，领悟能力的差异，纯对话的会谈效果不佳。可以借助一些会谈技巧和会谈工具（潜意识图卡、家庭格盘等）拓展家校合作的空间。

1.会谈技巧的使用

在会谈中，教师可以应用一些提问技巧，达到有的放矢的效果。比如：

（1）例外提问："孩子什么时候完成作业效率比较高？"

（2）奇迹性提问："如果奇迹发生，你的问题没有了，你会有什么不同？"

（3）差异性提问："你觉得爸爸妈妈谁更关心你一点？"

（4）澄清性提问："如果满分10分，你给你老公打几分？"

（5）假设性提问："如果你的邻居知道你家目前的情况，他们会怎么想？"

（6）恶化极端提问："你们可以再做些什么，让关系变得更糟糕？"

（7）责任回归提问："这次的冲突，你有什么做得不好的地方吗？"

（8）资源取向提问："你孩子身上有没有什么优点?"

（9）指向未来提问："假如你现在不上学,三个月后,你会是什么样子?"

（10）循环提问："你猜在你儿子眼中,你们的婚姻关系是怎么样的?"

2.会谈工具的应用

我使用最多、效果最好的会谈工具是潜意识图卡,它可以快捷直观地反映家庭互动模式和家庭想要解决的问题。使用图卡时要注意不要评判和解释,让家庭成员的潜意识自由流淌。

小雨,女,12岁,父亲长期外出打工,母亲在她五年级时去世,家里只有爷爷和弟弟。母亲去世后,小雨并没有特别悲伤的反应,但她一来学校就胃痛,脸色发白,满头冷汗,就医诊断后发现并没有胃病,老师和家长也觉得孩子不像装的,不知怎么办才好。

这是典型的小病人案例。这个个案所在的家庭是丧亲的单亲留守家庭,由于当年母亲去世时,家人认为孩子还小,就没有让她参加母亲的追悼仪式,因此小雨对母亲的哀悼并没有完成。精神分析学派认为,未完成的哀悼对当事人的影响是持续的,会遮蔽他的自我。再加之小雨的父亲长期外出打工,小雨缺乏父亲的关爱,加剧了她内心的冲突和不安全感,这些无法言语化的潜意识冲突会通过躯体的症状表现出来。特别需要引起注意的是,当年小雨的母亲也是因为胃癌去世的,小雨胃痛的症状是有功能意义的,她在用疾病表达对母亲的认同。

结合小雨的个案,以家校合作方式来解决小雨所面临的困境。具体操作如下：

（1）家庭系统排列

让家长或孩子在潜意识图卡中挑选出可以代表家庭成员的卡牌,挑选成员的范围是与家庭关系密切的人。依据成员彼此的关系亲疏,将图卡排列出来,展示家庭的关系面貌。小雨挑出了"妈妈""爸爸""爷爷""弟弟""我"五张牌,根据关系亲疏,我们发现,代表小雨的卡牌"我"和"妈妈"的位置最近,而小雨的母亲是因为胃癌去世的,小雨躯体化的症状得到了答案。

（2）亲子相互理解

让孩子在卡牌中选择三张自己最喜欢和最不喜欢的图卡，再选择三张最能表达心声的字卡，并让家长猜测这些卡牌代表的含义，在这一过程中，如果家长说得不对，孩子可以补充或纠正。小雨挑出"孤独""委屈""愤怒"三张字卡，让父亲猜测孩子选择这些图卡和字卡的原因。小雨的父亲对孩子的"孤独""委屈""愤怒"都理解得不充分，小雨进行了补充。这一过程对促进亲子之间的沟通有十分突出的效果。

（3）家庭问题解决

让家长或者孩子在最不喜欢的卡牌中选择一张最想解决的问题，将它作为目标牌，接着盲抽一张卡牌，让他们说出自己的自由联想，并指向这张卡牌如果提示一个可以解决问题的方法会是什么？之后鼓励家庭成员按照自己潜意识的指引去行动。小雨选择了一张大人牵孩子的图片作为目标牌，她盲抽了一张倒水的玻璃壶，经过自由联想，小雨说自己要把不开心说出来，不能憋着，她也不想这么难受，于是她主动预约了接下来的心理辅导。这种方法可以充分调动家庭成员的潜意识来解决问题，相信自身的力量，答案就在每个人自己的心中。

在与乡村地区家长开展家校合作的时候，首先要做的不是给家庭提建议，而是建立联盟关系，关系是第一位的。没有良好的家校关系，一切都是空谈。良好的家校联盟关系建立起来之后，如果家长有需求，教师可以提供一些专业的意见，比如提醒家长要重视家庭教育的力量，不断学习，经营好婚姻和家庭，活好自己，因为父母生活幸福是给孩子最好的生命礼物，并且可以向家长推荐一些家庭教育的书籍、视频、微课、音频等学习资源。其次，提醒家长觉察并处理自己的未完成议题，比如自己的童年创伤、依恋模式、情绪管理、人际模式强迫性重复的问题，不要把代际问题传递给孩子。再次，提醒家长优化养育方式和沟通方式，多关注和回应孩子的情绪，培养自己与孩子联结爱的能力，做能共情的父母。最后，重视培养孩子健全的人格，调整对孩子的不合理期待，能够承载焦虑和不确定性，不盲目从众，培养孩子的优势，发展孩子的长处，建立孩子的自信。

乡村地区的学校完全可以在以家庭治疗为理论背景的框架下开展家校合作。依据乡村学校家庭教养方式的特殊性，有的放矢，因势利导，结合相应的会谈技巧和会谈工具的应用，找出家庭成员间不良的互动模式。通过扰动家庭成员间的不良互动模式，不断拓展家校合作的空间，达到更好解决问题的效果。

人是一个初生的孩子，

他的力量，

就是生长的力量。

——泰戈尔

相信孩子可以成为更好的自己

——让优势教养为孩子赋能

在我平时与家长的接触中，发现一个非常突出的现象：日常生活中，无论哪种文化背景的父母，均有帮助孩子成长的愿望，以及想实现此愿望时力不从心的感受。为了实现这一愿望，很多家长不自觉地把关注点投注在孩子的"问题"上，认为帮助孩子改善缺点和不足，处理掉"问题"，孩子就能进步。这个出发点很好，但实际效果却差强人意，尤其是亲子关系往往因此陷入混乱和冲突之中。这相当于在做给花园除杂草的工作，可是只除杂草，花朵并不能长得更好，还得施肥才行。

在我多年的学校心理辅导实践中，越来越多的成功案例揭示，我们要把更多的注意力放在帮助孩子找到优势，发挥优势，让他们利用内在丰富的优势资源掌控自己的人生。优势教养不仅有利于关系的修复，还能促进孩子的成长，提升生活的幸福感。只有帮助孩子找到优势，发挥优势，才能真正提升孩子的自信心和成就感，带来更好的家庭关系和更幸福的生活。

孩子的核心优势需具备以下三个特征：

（1）孩子擅长的；

（2）孩子有激情去做的；

（3）孩子经常做的。

当家长把目光聚焦在孩子的核心优势上，就仿佛换了一个角度看世界，原本哪哪都不行的孩子身上开始散发出光芒，而原本每天压力大、心情不佳的父母也会感到轻松和愉快。优势教养仿佛是一个万能充电器，当彼此感到能量不足时，接通优势，就可以充电赋能。

一、优势教养的实践方法

（一）积极地沟通促进孩子优势的培养

优势教养可能会让家长有点担心，过多的赞美和表扬，会不会让孩子骄傲自满？关于这个问题，我通常的回答是："会！前提是过多的没有营养的表扬。"例如："干得漂亮！""太棒了！""你真行！"。这种表扬是泛泛的表扬，没有优势的内涵，也没有行为过程，更不会唤醒孩子对自身优势的关注。

从优势出发的表扬是兼顾"表扬优势""表扬行为""表扬人"三者，例如："这幅画你画了很多细节（行为），看得出你具有很棒的观察力（优势），你真厉害（人）！"当然，不是每一个优势表扬都要三者兼备，可以灵活处理搭配，比如"优势+人""优势+行为"，核心是要表扬出孩子的优势。

（二）设置优势开关，换个处理问题的切入点

当家长找到孩子的核心优势，需要为自己设置一个优势开关。优势开关运用在当你又想揪着孩子的某个"问题"说教的时候，给自己一个暂停，并迅速切换到优势开关，想想孩子的某个核心优势，并考量此时此刻"问题"和"优势"如何建立联系。让优势带动问题的改善，比一味改善问题效果要好得多。

1.通过正念练习帮助优势教养发挥效果

案例示范1：西西，初二年级学生。她自述人际交往困扰她很久了，没

有办法交到好朋友,大家都不怎么待见她。在一次咨询中,我带领西西一家一起探讨她的核心优势,一家人一致认为"热忱"是她的核心优势,她的父母可以举出很多例子证明西西的热忱。比如她的母亲说,西西喜欢英语演讲,不顾反对,自己报了英语演讲班,每周坐1个小时公交车去上课,风雨无阻。那么,热忱是如何帮助她改善人际交往的呢?西西说,由于自己总觉得别人不喜欢她,平时都是被动地等待别人搭讪,人际交往非常不主动。也许西西可以利用热忱这个优势,觉得哪个同学比较合得来,主动热情地去接触她,不要怕丢人。两周之后,西西愉快地和我说,自己有了一个好朋友,现在的她没有人际困扰了。

在"问题百出"的日常生活中,如何保持心态平和,让家长及时觉察到情绪风暴的涌动并做出调整?正念可以帮忙。

正念是用灵活、好奇、开放的态度专注于此时此刻,不带任何评价或思考。正念同时也是不带任何宗教色彩的放空大脑的过程。简单来说,操作步骤有三步:

(1)把注意力集中在某处(五感);

(2)注意到你的注意力是怎么分散的;

(3)把注意力温和地拉回来。

当家长处于面对孩子"问题"的情绪风暴中时,仿佛一艘没有下锚的船,随时会被风浪卷走,这带来的也许就是一场剧烈的家庭争吵或冲突。这个时候,把自己锚定在当下是非常重要的,可以通过正念观呼吸或者正念聆听让自己冷静下来。然后聚焦孩子的优势,调动孩子的优势来处理问题,这样既减少了孩子的抵触情绪,也缓解了自身的糟糕情绪。

2.意志力培养为优势教养保驾护航

案例示范2:文文,初三年级学生。他即将面临中考,但他的体重超标,影响中考跑步成绩。妈妈为他报了健身项目来减脂塑身,教练要求文文注意饮食,尤其不要食用碳酸饮料和高脂肪食物。有一天,文文健身回来,打包了麦当劳,里面有薯条、可乐、汉堡等。在他大快朵颐时,妈妈走进了房间,看到文文在吃这些垃圾食品,怒气马上上来了。就在情绪爆发之际,文文文妈妈想到了优势教养中的正念技巧，她先深呼吸几次，让自己涌上来的怒火下降了一些；接着，她切换到优势开关，想到孩子坚持健身了一个月，没有吃任何垃圾食品，这是坚韧的优势，想到这里，她的态度温和起来，走过去拍着文文的肩膀说，"文文，妈妈真的很佩服你，你坚持健身，不吃麦当劳有一个月了吧？"文文不好意思地低下头，说："妈妈，我就是太馋了，实在没忍住，我保证，吃完这一顿，在中考前，我都不吃了。"文文妈妈说："好，你是一个坚韧的男子汉，等你中考完，妈妈带你一起吃。"

孩子的优势要想真正发挥出来，不只靠天赋，还要靠意志力。坚持不懈地练习、试错、预演、排练、纠错、重复，都需要大量意志力的投入。家长可以通过以下方法培养孩子的意志力：

（1）补充意志力。能量是意志力的来源，一般来说，孩子经过一天的学习运动，身体的能量会代谢很多，孩子意志力不足的时段大约是下午的16：00～18：00，刚好就是放学的时段。在这一时段，孩子很容易畏难、发脾气，所以这一时段应该鼓励孩子做一些轻松愉快的事，适当吃一些食物补充能量，尽量不做难度大，任务重的事。晚上尽量在22：00左右睡觉，保证8小时睡眠，为第二天储备好意志力。

（2）制作待办事清单。制作待办事清单可以减少大脑负担，从而减少意志力损耗，也会让孩子更有时间管理的意识，并清楚自己每天可以完成的任务量大概是多少，不盲目指定目标。

（3）反做某个习惯。意志力是可以通过练习增强的，就像练肌肉一样。例如军人练军姿，日积月累，意志力就会增强了。平时，鼓励孩子坐直一些，就是最简单的训练意志力的方法。

二、实践反思

优势教养的核心意义在于培养孩子的积极自我。自我的作用是协调现实冲突，许多孩子出现心理问题，产生各种身心症状，究其根源都是没有构建出完整有力的自我。积极的自我使孩子对自己的评价是正向的、积极的，这有助于孩子的自尊、自我效能感、掌控感的提升。在面对困难的时候，能有更强大的耐挫力和利用优势资源有效解决问题的能力。积极自我给孩子带来积极情绪，在积极情绪的作用下，孩子会感到生活更幸福，未来有希望。

（1）帮助家长改变"鸡娃"的模式，让家长自身和孩子从焦虑内卷中抽身出来，相信孩子可以成为更好的自己。让这种生命的原发驱力，由内而外地迸发出来。

（2）关注孩子的优势和潜力，了解孩子的兴趣爱好、特长和优点，鼓励孩子发挥自己的优势。给予孩子足够的支持和鼓励，让孩子相信自己有能力应对生活中的挑战和压力。

（3）有意识地培养孩子的自我效能感。可以通过赞扬、肯定和奖励等方式，帮助孩子建立自我效能感，提高自信心和自尊心，鼓励孩子进行自我探索和自我成长，让孩子有机会尝试新的事物，发现自己的潜力和兴趣。

（4）使用积极的语言和态度与孩子交流，避免使用否定性的语言和态度，让孩子感受到自己被接纳和支持。结合多种教育方法，如游戏、故事、音乐等，帮助孩子发掘和利用自身的优势，提高学习兴趣和动力。

第六节　家庭教育指导实践经验

2021年10月，我国颁布了《中华人民共和国家庭教育促进法》。这是我国首部与家庭教育相关的法律文件，可以说是从国家层面明确家庭环境对孩子心理影响的巨大作用。《促进法》中特别指出，学校需要在此过程中为家长和家庭教育提供合适且充分的帮扶，定期对未成年学生的父母或者其他监护人开展家庭教育培训、咨询和辅导。从法律层面让学校的家庭教育指导、亲子关系辅导合理、合法化。

精神分析学家沙利文认为，精神障碍源于人际关系或社会关系。在对未成年人开展工作时，几乎所有的问题都绕不开亲子关系。

在我日常的家庭教育指导工作中，比较困难的是这四种类型：空心病、非自杀性自伤、网络成瘾、拒学。处理这些问题的困难在于，外在的症状只是冰山的一角，问题背后可能存在着更深刻的早期亲子关系的议题。比如空心病的根源可能是自我的缺失；非自杀性自伤主要可能是自体感的脆弱，也就是内核不稳；网络成瘾的背后可能是亲密关系的缺失；拒学最主要可能还是早期依恋关系出了问题，导致分离个体化的进程受阻，使得孩子没有办法独立。所以如果孩子出现了心理问题，只是做这个孩子的工作，不联合他的家庭一起工作，那么很难改善孩子的心理问题。

在做家庭教育指导的工作时，需要秉承一个整合的指导观。整合的指导观是从心理、生理、环境三个维度，整合地看待一个人的成长经历与当前心理困境。其实我们邀请家长探讨孩子的问题时，他们内心是很忐忑的，他怕老师把孩子的问题归结到他身上，任何人都承受不了这份沉重。所以，我在做亲子关系咨询的时候，会首先把这个整合的理念传达给家长，你的孩子出现问题，不是你把他给养坏了，而是受到这三方面因素的综合影响，并且这三方面是循环因果的关系，也就是说他们在互相影响。当这样的理念传达给家长的时候，会首先降低他们的防御和失败感，这是家校联盟建立的基础。

在指导时要注意一些要点：第一，以合作为取向，要共情父母，不要批判指责他们，让他们放下防御。只有好好安放他们的内疚感和失败感，才能建立牢固的家校联盟。第二，在咨询过程中注意保持中立的立场。我们作为老师，一定要注重老师的这种边界和身份，不要过度卷入他们家庭生活的纷争中去，把重点放在探讨有效的方法上，增进父母之间的合作。因为如果我们的天平偏到某一方，那另一方就不会信任我们，家校联盟就瓦解了。第三，一定要帮助家长了解自己孩子的身心特点，让家长接纳真实的孩子。第四，运用一些会谈技术扰动家庭不良互动模式。只是理解了这个家庭有什么问题是不够的，需要有能力扰动这个家庭，使其发生改变。我用得最多的两个技术，一个是潜意识图卡，另一个是家庭格盘。

潜意识图卡，也叫OH卡，有好多种类，我们最常用的是中间的基础卡，它是由88张图卡和88张字卡组成，能构成7744种不同的组合。图卡和字卡既可以单独使用，又可以组合使用，非常灵活。图卡的设计者是莫瑞兹，他联合了一位艺术家共同创造了这套卡牌。这套卡牌有三个理念：第一，相信每个人都是解决自己问题的专家，本自具足；第二，卡牌通过运用投射的原理，降低来访者的防御，镜映他的潜意识，工作的效果比较深入；第三，是共识性，使用这套卡牌时，一定要告诉来访者，不要有迷信的思想，我们跟某张卡牌的相遇只是非因果且有意义的巧合而已。

在应用的层面，主要用三个技术：第一个技术是家庭排列。简单来说，就是让来访者选择能代表家庭成员的卡片，比如我邀请一位母亲挑出代表家庭成员的卡牌，并且卡牌的位置代表他们在家庭当中的关系。如图2-1-20所示。

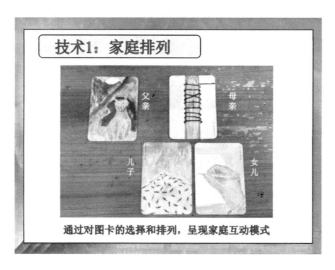

图2-1-20　用卡牌做家庭排列

从上图可以看到，在这个家庭当中，父亲是比较疏离家庭的，并且这位母亲挑选的卡牌很直观地表达出她对每位家庭成员包括自己的感受。她的老公是这只龇牙咧嘴的猫，她说她老公是个暴虐的人，而她自己是被铁丝缠了很多圈的棍子，她是很压抑的，她的儿子很调皮，学习生活一团糟，她的女儿不爱说话，非常内向。当然你从卡片的位置也可以看出这是一个典型的三角化家庭的模式。

第二个技术是亲子理解。这也是我运用最多的一项技术。我会让孩子挑选出代表自己喜好或者是想法感受的图卡或者字卡，然后让家长去陈述他们对孩子挑出来的这些卡牌的理解，说得不对的地方，孩子可以纠正。家长都以为自己很了解孩子，但在我接触的大量个案中，父母对孩子的理解都很糟糕。通过这项技术，可以增进父母对孩子的理解。

第三个技术叫作万用法，该技术可以充分调动来访者的潜意识来解决问题。在亲子咨询这块，你会发现你给家长的方法永远不如他自己想到的方法好用。操作方法也很简单，让来访者充分洗牌，然后盲抽三张，第一张代表他遇到的这个问题，第二张代表可能解决问题的方法，第三张代表使用这个方法时要注意的地方。

家庭格盘由木偶和承载物组成，承载物代表某个系统，木偶的角色和意义由摆放者赋予。团体咨询一般用到50个木偶，个体咨询一般使用18个木偶。木偶和木偶之间的距离代表社会距离，木偶与木偶之间的视线（他们是有眼睛的）代表关系的强度。可以说，家庭格盘是木偶摆放的家庭雕塑，是一种可视化的沟通媒材，它能外化系统存在的问题，激发来访者改变的内在动力。

家庭格盘在操作的时候有四个技术锚点。第一个操作技术是呈现议题看关系，在这个过程当中，请来访者自由地摆放，不要干涉他，摆放完之后，主要是讨论现状，澄清问题；第二个操作技术是通过关系看模式，这个操作主要是通过摆放木偶，用木偶外化关系方面的问题，推演系统成员间不良的互动模式，注重讨论感受；第三个操作技术是探索模式找资源，在这里要重点探索问题背后的功能和意义，促进来访者把内心真实的需要表达出来；第四个操作技术是资源赋能——自疗愈，本着相信来访者是解决自己问题专家的理念，和来访者一起讨论行动策略，促进问题的解决。

在操作的时候要注意，心理辅导老师只反馈看到的事实，不要加入主观的臆断，不要替来访者去摆放，保护他的心灵空间。辅导过程中使用第三人称来称呼木偶，这个称呼是来访者命名的，使来访者以己为景，获得一个第三方的视角。来访者要注意讲述最好在十分钟以内，以免被自己的故事催眠，而且，代表他自己的木偶必须身在其中，这里是精神分析主体间性的作用。在改变的部分，要强调只能改变来访者自己的位置，不能改变其他人的位置，从而激发来访者改变的主观能动性。

在辅导效果评估方面，潜意识图卡和家庭格盘对因家庭互动关系问题导致的学生情绪、行为问题都有很好的干预作用。潜意识图卡和家庭格盘不光可以单独对学生做，也可以面对整个家庭一起做，两种方法以更直观的方式让来访者看到问题的现状以及找出解决问题的方向，其回访的效果都是非常理想的。

许多家长的内在很可能有一个受了创伤的内在小孩，他们的依恋模式也可能是不安全的，所以代际创伤会不可避免地向下传递，强迫性重复，影响到孩子。要帮助家长看到这些问题，并鼓励家长通过学习不断自我成长，疗愈自己的创伤。父母良好的生命状态，幸福的生活是给孩子最好的礼物。如果家长自身难以调整，必要时也要寻求专业帮助。

第二章　转介就医后辅助性辅导案例

　　学校心理辅导工作在面对学生的各种心理问题时，应根据问题的严重程度和性质，及时做出是否需要转介的决定，以确保学生得到最适合其情况的治疗和帮助。

　　在学校心理筛查或心理辅导过程中，发现学生存在疑似心理疾病，如抑郁症、焦虑症等神经症或精神疾病，超出心理老师能力范围的，需要专业医生治疗时，应及时告知家长将学生转介到心理专科医院接受治疗。

　　当学生存在自杀、伤害自己或他人的想法或行为的危机情况时，根据《广东省学校安全条例》规定，第一时间通知其监护人来校陪同并尽快就医。如果家长暂时不能陪同，可以由家长签订委托书，并由班主任或者有关教师陪同学生到心理专科医院接受进一步的诊断治疗。

　　"校家医三位一体"三向赋能渠道，建立了"医教协同""家校联盟""医患沟通"三条通路（如图2-2-1所示），彻底打通校家医三方壁垒。促进学校、家庭、医院三方资源共享、优势互补。对于转介就医后边治疗边上学的学生，在心理医生医嘱同意的前提下，心理老师可以做好辅助性的心理辅导工作，联合家庭一起筑牢心育护航梯队。

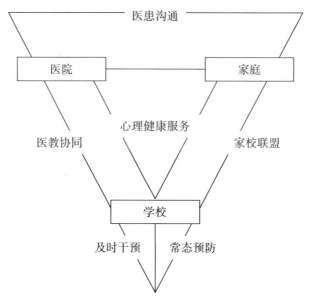

图 2-2-1 "校家医三位一体"心理健康服务模式

第一节 学校危机干预方案

为进一步完善学校学生心理健康教育与指导工作，增强学生心理危机干预的针对性、主动性和有效性，降低校园心理危机事件对学生的伤害，提高全校心理健康水平，促进学生健康成长和全面发展，根据广东省、广州市学校心理健康指导中心的相关文件精神，结合学校实际情况，特制定本干预方案。本预案中的心理危机为广义概念，包括涉及生命安全及学校内需要重点关注的学生。

第一部分 总 则

第一条 干预目的

1.通过心理危机教育和宣传，加强学生对危机的了解与认识，提高学生承受挫折的能力，为应对危机做好准备。

2.通过心理咨询等支持性干预，协助处于危机中的学生把握现状，重新认识危机事件，尽快恢复心理平衡，顺利度过危机，并掌握有效的危机应对策略。

3.通过提供适时的介入防止学生出现自伤、自杀或攻击等过激行为。

4.通过构建心理危机干预体系，做到心理困扰早预防、早发现、早诊断、早应对，减少和尽量避免危机对学校正常工作的影响。

5.通过积极创设良好的校园环境，为学生成长营造健康氛围，努力提高学生的心理健康水平，优化学生的心理素质，促进每一位学生健康地成长和成才。

第二条 干预原则

1.预防为主。

2.及时预警。

3.有序协调。

4.加强监控。

第三条 干预对象

对存在下列因素之一的学生，应作为心理危机干预的重点对象予以特别关注：

1.有心理障碍、心理疾病，有医院诊断的。

2.有自杀倾向，自残行为的。

3.遭遇突发事件的，如家庭发生重大变故、近期受到处分等。

4.学习压力过大、学习困难的。

5.个人感情受挫，人际关系发生冲突的。

6.性格过于内向、孤僻，社会交往很少，缺乏社会支持的。

7.严重环境适应不良或行为异常，家境贫困、经济负担重、自卑感强的。

8.身体出现严重疾病，治疗周期长的。

9.曾因患心理疾病休学、病情好转后复学的。

10.亲子关系冲突严重的。

对有以上经历，以及结合心理健康测评筛查出来的需要重点关注的学生予以关注。

对近期发出下列警示信号的学生，应作为心理危机的重点干预对象，及时进行危机评估与干预：

1.谈论过自杀并考虑过自杀方法，包括在信件、日记、图画或乱涂乱画的只言片语中流露死亡念头者。

2.突然给同学、朋友或家人送礼物、请客、赔礼道歉、述说告别话语等行为明显改变者。

3.情绪突然明显异常者。如特别烦躁，高度焦虑、恐惧，易感情冲动，或情绪异常低落，或情绪突然从低落变为平静，或饮食睡眠受到严重影响等。

第二部分　组织机构

第四条　成立校园心理危机干预领导小组

组长：校长

副组长：德育副校长

成员：全体行政人员、班主任、心理教师、校医、保卫干部、宣传干部

第五条　工作职责

1.制订本校学生心理危机干预工作方案，切实执行并定期反思和完善修订；明确各相关人员在学生心理危机干预中的具体职责。

2.检查各执行小组学生心理危机干预工作落实情况与效果。

3.学生心理危机干预执行小组

医疗救护组：由德育副主任任组长，校医、保安队长、教官等任组员，负责维护师生生命安全、健康；第一时间对当事人采取医疗救助，与120、医院、当事人家属沟通医疗相关问题。

信息发布及舆情监控组：由校长任组长，校长办公室干事任组员，负责事件相关信息的合理发布，监控舆情；与上级领导（教育局、应急办、综治办等政府相关部门）沟通进行事件汇报、应对媒体。

现场维护组：由教学主任任组长，教学副主任、教学处干事、各年级级长、保安队组员等任组员，负责保护现场，维持秩序，排查高危地点；与

110、119、120等现场支援人员沟通协作。

家属联络组：由副校长任组长，学生处干事、各年级级长、班主任任组员，负责通知、安抚、援助当事人家属，及时协调与其他家长的沟通。

心理危机干预组：由德育主任任组长，专职心理教师、危机干预机构专业人员为组员，运用科学方法，对事件中不同群体实施具体的危机干预，为领导小组提供心理辅导、危机干预、信息发布等专业建议。

善后处理组：由办公室主任任组长，学校法律顾问等为组员，负责沟通解决法律、保险、医疗等相关问题，以及事件后续事宜处理。

危机处理支援组：由总务主任任组长，安全主任、工会主席、总务处干事、专职心理教师及黄埔区危机干预小组专业人员为组员，对危机工作人员心理情况进行评估，减缓事件对危机工作人员的负面影响；向危机工作人员提供关于如何进行压力管理的信息；在危机工作人员返回日常工作岗位前，为其提供休息和进餐的机会；为有需要的工作人员提供转介服务。

第三部分　早期预警

第六条　各班发挥班级心理委员、学生骨干在学生心理危机干预中自我教育、自我服务的作用。

第七条　做好学生心理危机早期预警工作，应做到对学生心理健康状况变化的早发现、早汇报、早评估、早反馈、早干预，力争将学生心理危机的发生消除在萌芽状态。

1.早发现。学校心理辅导室每年对全校新生进行心理健康普查，建立学生心理档案，并根据普查结果筛选出高危个体，与相关班主任一起对这些学生做好干预与跟踪控制工作。

2.早汇报。班主任、各任课教师、各班心理委员、心理辅导教师作为心理危机的可能发现者有向心理危机干预小组汇报的责任。班级心理委员每周至少一次向班主任、学校心理老师汇报班上学生的心理状况；班主任、心理老师每两周至少一次向校园心理危机干预小组组长汇报学生心理健康变化情况。如发现学生心理问题迅速恶化或新发现有严重心理危机情况的学生，班主任和相关老师应将该生情况迅速上报到心理危机干预小组，并通知心理老师；有伤及身体的要及时联系校医；心理老师对发生的心理危机事件及其处理情况，要及时向心理危机干预小组汇报。

3.早评估。校心理老师应对班级心理委员和班主任报告的存在心理危机的学生进行及时的心理危机风险评估。

4.早反馈。校心理老师应及时将有问题的学生名单及其评估结果反馈给心理危机干预小组。

第四部分　中期干预

第八条　对于进入《学生心理危机预警库》的学生或突发心理危机的学生，应根据其心理危机程度，采取心理支持、及时阻控、实时监护、心理辅导、紧急救助等方法，实施心理危机干预。

1.心理支持。心理老师、班主任、任课老师、班级心理委员、学生骨干对有心理困难的学生应提供及时热情的帮助，班主任应动员有心理困难的学生家长、朋友、室友对学生多一些关爱与支持，必要时应要求学生亲人来校陪伴学生。

2.及时阻控。对于可调控的引发学生心理危机的人、事或情景等刺激物，学校应协调有关部门及时阻断，消除对危机个体的持续不良刺激。对于危机个体遭遇刺激后引起紧张性反应可能攻击的对象，学校应采取保护或回避措施。心理老师、班主任、相关老师在接待有心理危机的学生来访时，在其危机尚未解除的情况下，应不让学生独自离开，如疑似是严重心理障碍和心理疾病，在积极与专业卫生机构联系的同时，报告给心理危机干预小组。

3.实时监护。有心理危机的学生在校期间要进行监护，心理问题程度较轻，能在校正常学习者，应成立以班主任为负责人及相处关系较好同学（最好包括心理委员在内）为主的不少于三人的学生监护小组，以及时了解该生的心理与行为状况，对该生进行安全监护。监护小组应及时向班主任、心理辅导室汇报该生的情况，心理危机干预小组应将该生在校期间的心理与行为状况及时向其家长反馈并取得家长的支持；对于心理问题程度较重（有严重心理障碍和心理疾病的），原则上学校应通知该生家长领回并监督其去专业卫生机构治疗。在心理危机干预小组与学生家长做安全责任移交之前，心理危机干预小组应对该生24小时特别监护。

4.心理辅导。学校心理辅导室对发出危机求助的学生提供心理辅导服务。

5.紧急救助。对学生突发性事故，心理危机干预小组、班主任、校园诊所、保安部等应在第一时间赶赴现场，进行紧急救助，推行首视制原则。

第五部分 后期跟踪

第九条 因心理问题而休学的学生申请复学时，应出示医院的治愈证明，并到我市三甲医院心理科或精神科做复诊检查，经校心理危机干预小组同意后，到教导处办理复学手续。同时学校与其家长签订书面协议书。

第十条 学生复学后，心理危机干预小组协同班主任应对其学习生活进行妥善安排，帮助该生建立良好的社会支持系统。应安排班级心理委员、学生骨干、该生室友对其密切监护，了解其心理变化情况，防止该生心理状况恶化。

第十一条 心理辅导室要根据心理危机干预小组、班主任和学生家长提供的情况，定期以预约咨询或随访咨询的形式，对这些学生的心理健康情况进行鉴定，并将鉴定结果及时反馈给班主任和心理危机干预小组。

第六部分 工作制度

第十二条 做好学生心理危机干预工作是一项长期任务、系统工程，为切实做好这项工作，应遵循以下制度：

1."重点关注学生"录入制度。心理辅导室建立《重点关注学生表》，将全校有心理危机倾向及需要进行危机干预的学生信息录入其中，实行动态管理。

2.培训制度。心理辅导站应对班级心理委员、班主任实行定期培训。

3.专家联系制度。利用好医教协同资源，对严重心理障碍的学生及时转介。

4.档案制度。心理危机干预小组和各班主任在开展危机干预与危机事故处理过程中，应做好资料的收集与保留工作，包括与相关学生打交道的重要电话录音、谈话录音、书信、照片等；学生突发性事故发生后，相关班主任在事故处理后应将该生的详细材料提供给心理危机干预小组备案；学生因心理问题需请假（1个月以上）、退学、休学、转学、复学的，亦应将其详细材料报心理危机干预小组备案。

5.鉴定制度。学生因心理问题需退学、休学、转学、复学的，应到指定的医院进行鉴定后，方可到教导处办理手续，并到心理辅导站备案。

6.保密制度。参与危机干预工作的人员应对工作中所涉及干预对象的各种信息严格保密。

7.问责制度。全校各部门尤其是心理危机干预小组成员，应服从指挥，统一行动，认真履行自己的职责。对失职造成重大事故的，要对个人实行责任追究。有下列情况的，要追究个人责任：危机事件处理过程中需要协助而不服从协调部门指挥的；参与危机干预事故处理的个人，在接到学生心理危机事故报案后，故意拖延时间没有及时赶到现场，或在现场不配合、不服从统一指挥而延误时机的；对学生心理危机不闻不问，或知情不报，或不及时上报，或执行学校危机干预方案不力的。

第七部分　附　则

第十三条　班主任应针对本班学生的实际情况，本着教育为主、及时干预、跟踪服务的原则，做好班级心理委员的选拔和班级学生心理异常情况的登载工作。

第十四条　本预案自发布之日起开始实施。

学校名称：

年　　月　　日

附：学生心理普查工作操作流程

1.组织测评

按照市局文件相关通知精神和时间节点，学校发展促进中心发布测评通知，组织学生登录智慧心理测评平台，独立完成测评问卷。

2.预警反馈

对于测评预警的学生，学生发展促进中心私发预警名单给班主任，由班主任将《心理测评预警情况告知家长通知书》私发给相关家长。

3.个案访谈

心理老师对预警学生进行访谈，确定为真实填写后，列为重点关注学生，并进行分级分类干预处理。分为3类重度预警、2类中度预警、1类轻度预警；优先访谈3类，其次2类，再次1类。

4.家校会谈

对访谈中存在自杀、伤人、自伤危机情况的学生要马上突破保密告知家长，并请家长来学校会谈，签署《学生心理情况告家长书》，签署《家校沟通表》，必要时转介医院。

5.后续跟进

班主任、心理老师要对重点关注学生持续跟进，包括在班级和家庭的表现。如果重点关注学生有进行心理治疗，班主任要阶段性跟进用药情况，提醒家长按时带孩子复查，规范治疗，如发现异常情况马上汇报心理老师。

第二节 危机干预实操案例

忧思在我的心里平静下去，

正如暮色降临在寂静的山林中。

——泰戈尔

与压迫性情绪共处

——ACT疗法在初中生抑郁自伤危机干预中的运用

ACT作为后现代心理疗法，最近几年越来越多地受到同行的关注，许多一线心理老师使用这种整合型疗法来帮助受到情绪、压力等困扰的学生来访者。ACT疗法中灵活多样的接纳情绪技术和认知解离的技术，可以帮助学生快速稳定压迫性情绪，锚定学生回到当下，预防危机事件再次发生，可以有效帮助来访者度过心理危机。

一、来访者基本情况

小林，女，13岁，初二年级学生，是家中独女。初一刚开始，班主任就发现她总是上课走神，在课堂上画漫画，渐渐地发现她整个人好像都沉浸在二次元的世界中，和同学没有什么来往，每天自己坐在座位上画画、发呆，情绪也不是很稳定，不喜欢别人打扰自己。如果遇到不顺心的事情，比如老师批评，同学议论之类的事情，就大哭，说自己好难受，心好累，不愿意上学。升入初二，小林不上学的次数增多，父母也没办法劝阻，只能任其在家。如果来上学，在课堂就是睡觉，没有什么活力。小林的抑郁情绪明显，有明显的诱发原因，影响了学习和人际适应，时间超过了6个月，家长带其就医，医院确诊她患有中度抑郁。

一天上午，小林的班主任非常紧张地带着她到我办公室，悄悄对我说："她用刀片割伤了自己的手腕！"

二、危机干预过程概述

1.锚定现实，确保安全

小林刚走进办公室时我有点吃惊，因为她的头发非常散乱，长长的遮住眼睛，她低着头，我根本看不到她的脸。我友好地招呼她入座，她始终不抬眼看我。

心理老师："你现在遇到了什么困难吗？有什么需要老师帮忙呀？"

小林半天不说话。沉默了一会儿，她慢慢地说："没有。"

我观察到小林面部无表情，不和我有眼神的对视，但比较配合对话。我看了看她的手腕，有大约3厘米长的血印，伤口不是很深，由于是早上上学时候割的，现在已经不流血开始愈合了，目前她的安全状况稳定。

2.稳定情绪，回到当下

心理老师："小林，早上发生了什么事吗？"

小林过了好一会儿，慢慢地说："老师，我好累，我不想上学，我好烦。"

我让她给这几种情绪打个分，她自评：

（1）厌烦上学，程度9分，满分10分。

（2）抑郁，程度9分，满分10分

（3）疲惫感，程度10分，满分10分。

心理老师："老师很好奇，当你非常痛苦的时候，你用自我伤害的方式真的可以处理好情绪吗？"

小林默默地说："当时割的时候觉得舒服，可是没过多久难受的情绪还是回来了。"

我这么问，是在挑战小林常用的行为策略，想让她体验控制情绪是无效的。只有她真的意识到自己过往的应对策略是无效的，才会有动力去改变，而觉察就是改变的开始。

接着，我尝试采用ACT疗法中的情绪接纳技术（情绪觉察—命名与定位—具体化—觉察—外化），帮助小林与压迫性情绪共处。我让小林选择一个对她影响最大的情绪。小林选择的是抑郁，目前自评有9分。接着，我引导她定位情绪，她说抑郁经常出现在胸腔位置，是一个黑黑的小人往胸口扎刀。当小林把它画出来之后，给它命名"小黑"。接着进行觉察，小林说小黑慢慢变成一个白色的小人，给它命名"无名"，小林将无名也画出来，自己感觉整个人好了一点，自评目前抑郁为7分。

3.认知解离，外化想法

小林头脑中有很多消极的想法，当这些想法出现的时候，小林就会感到非常糟糕，无法忍受时，她就会用自伤的方式发泄。我让小林将自己头脑中经常出现的想法列在纸上，想象把这些想法一个一个放在漂浮于小河面上的落叶，让这些想法随流水中的落叶慢慢飘走，自己专注于呼吸且不会被落叶上的想法带走。通过这种方法，小林可以慢慢体会想法，练习如何与压迫性情绪共处。我鼓励她以后发现自己头脑中有很多想法时可以使用这个方法来减少想法对她的影响。做完这次训练后，小林自评目前抑郁为6分。

4.联系家长，突破保密

干预之后，小林的状态好了一些，整个人有了一些活力。我和她沟通，因为出现了自伤的行为，要突破心理辅导的保密原则，需要联系父母，告知今天的事情，小林同意了。我致电小林的家长，告知了事情的经过，请他们马上来学校陪伴孩子。

5.汇报领导，三方备案

接着，我联系了校德育相关领导，汇报情况，并和家长、班主任一起坐下来简单会谈，明确接下来就医复查、学习安排等事宜，签署知情通知书和家校沟通表，三方备案。小林的家长对孩子自伤的行为痛心不已，愿意带孩子复查，按时遵医嘱吃药，对于学习的部分先不作要求，心理康复第一。

6.后续跟进，医家校协同

小林的复查结果是抑郁发作，需要综合治疗，包括药物治疗和心理咨询。小林父母表示愿意遵医嘱执行，除了按时就医复查，还为小林找到职业心理咨询师做心理咨询，双管齐下。班主任、心理老师与家长定期沟通，跟进小林在家和学校的情况，为小林的康复保驾护航。

三、接纳承诺疗法辅导情绪问题的实践经验

1.情绪经验性接纳技术

在危机干预过程中，情绪经验性接纳技术是一项稳定情绪效果非常卓著的技术，特别是当来访学生陷入压迫性情绪无法自拔时，教会来访学生与情绪共处，在压迫性情绪袭来的时候能够稳定住自己，不被情绪风浪卷走。除了在危机干预中使用情绪经验性接纳技术，更重要的是鼓励来访学生持续练习，提升情绪的觉察力，使学生情绪觉察的范围变得更宽广。不过，要对来访学生说明，情绪觉察能力的提升可能会让他对情绪的出现更敏锐，有利于其对情绪早觉察、早转化。比如，能够在一个情绪只有三分的时候觉察到它的存在，这时只需要稍稍转念，就能够把这个情绪转化了，而不是当情绪到八分的时候才觉察到它，这时它对人造成的影响就会更大。前文中使用的情绪接纳法，可以让出现心理危机的学生联结身心的感觉，具体化和外化情绪，看见即疗愈，降低压迫性情绪对她的影响。

2.认知解离技术

在危机干预过程中，认知解离技术同样效果非常卓著，常用的解离外化技术包括"观念头练习""流水落叶""破坏编码技术"等，这些都有非常好的认知解离效果。但是在操作的时候需要注意一点，处理危机时一定要先稳定情绪再做认知解离，因为来访学生情绪强烈的时候，会出现认知失调，很难进入预设的正念氛围，他们可能会不断出戏，甚至在做完之后说没有任何帮助或干脆不配合练习。这些都是很正常的，因为我们的头脑已经习惯于被过去或者未来困扰，不能真正聚焦当下。因此，这个技术需要在非应激状态下才能练习。

ACT接纳承诺疗法是一种整合的疗法，在心理辅导一线实践中，疗效非常突出，尤其在危机干预过程中可以灵活运用。危机干预之后，建议家长和孩子配合医生的诊疗方案，如果医生诊断可以搭配心理辅导，心理老师可以

尝试使用ACT疗法的"以己为景""澄清价值""承诺行动"等技术方法，让来访学生在更大的蓝图下接触到对他来说真正重要的东西。通过核心价值引导，促进、激励来访学生，使他真正有所改变，以开放的姿态接纳所有经验，平稳度过成长中的危机时刻。

> 是大地的泪点，
> 使她的微笑保持着青春不谢。
>
> ——泰戈尔

一体双锥　心灵护航
——应用"一体双锥"模型对抑郁症学生转介返学后进行干预的实践研究

近几年来，学校抑郁学生比例增加，根据2020年心理健康蓝皮书《中国国民心理健康发展报告（2019—2020）》调研显示，有24.6%的青少年有抑郁情绪，其中7.4%达到重度抑郁的程度。调研还发现，人际关系、生活习惯和个人心理素养水平是心理健康的保护因素，人际关系越好，饮食习惯越健康，运动频率越高，心理弹性越大，青少年的抑郁水平越低，睡眠质量越高。

无需住院治疗转介就医的抑郁症学生通常都会回到校园继续学习生活，但他们经常出现情绪波动，仍然需要心理老师跟踪帮助，所以心理危机干预是学校危机防控的重点工作之一。学校每学年会对全校学生进行心理普查，使用《中学生心理健康量表》得出抑郁这一维度的团体报告数据，见表2-2-1。

表2-2-1　2019—2021学年全校学生心理测评抑郁检出情况

学年	抑郁结果	正常		轻度		中度		较严重		非常严重	
	总数量	数量	比例	数量	比例	数量	比例	数量	比例	数量	比例
2019	985	829	84.2%	104	10.62%	46	4.66%	3	0.26%	3	0.26%
2020	1056	799	75.66%	177	16.76%	65	6.44%	10	0.94%	5	0.47%
2021	1057	770	72.84%	183	17.31%	86	8.14%	12	1.13%	6	0.56%

从表2-2-1可以看出，2019—2021年，学生心理测评抑郁检出率逐年攀升，尤其是较严重和严重抑郁的比例成倍增长。

根据观察和分析，返校就读的抑郁症学生通常在学校有以下几种表现情况：

（1）自我评价偏低，经常自罪自责，人际交往能力不佳。

被医院诊断抑郁症的孩子返校后，与同学人际交往不佳，具体表现为独来独往。与其交流后发现，他们普遍觉得自己不如别人，没有同学愿意和自己交往，有的甚至觉得自己有抑郁症，会被同学歧视和孤立，有一定的病耻感。

（2）情绪容易波动，有自伤自杀的意念和行为。

被医院诊断抑郁症的孩子返校后，有情绪容易波动的情况，同学之间的小矛盾和家庭亲子之间的摩擦都会带来他们情绪上剧烈的波动，有的在学校撞墙、砸墙、大哭，有的在家摔东西、大哭、割手臂，有的甚至想跳楼。

（3）经常出现回避考试的情况，不能按时上学和完成学习任务。

被医院诊断抑郁症的孩子返校后，经常有请假不来上学的情况，尤其是阶段考、期中期末考试前夕，经常会因身体不适让家长请假，回避考试，平时课堂上趴在课桌上的情况比较多见，课后作业基本不能完成。

（4）作息不规律，运动量少，熬夜玩手机情况居多。

据了解，被医院诊断抑郁症的孩子返校后，常因身体不适，请假不上体育课，导致运动量非常少。同时在家晚睡的情况居多，睡不着时，玩手机的情况居多。家长由于不敢过度管控，会出现作息严重不规律的情况。

（5）家长或学生本人对服药有偏见，遵医嘱服药情况落实不到位。

据了解，被医院诊断抑郁症的孩子返校后，能按时遵医嘱服药的学生并不多，大部分看完医生后，家长或学生本人因担心药物的副作用而拒绝服药或不按时服药，导致孩子情绪容易波动，危机程度高。

（6）返校后主动求助意识不强，班主任、心理老师疲于应对抑郁症学生出现的各种心理危机状况。被医院诊断抑郁症的孩子返校后，能够主动求助心理老师的比较少，他们主要觉得自己的问题没有人可以帮忙解决，比较绝望。出现危机情况时，通常学生会被班主任带到心理老师处，进行危机干预，情况比较被动。

（7）家庭情况复杂，家庭系统改变意识不强烈，家校合作有困难。

据调查，被医院诊断为抑郁症的孩子，最在意的是家长的改变，因为大多数孩子抑郁的起因是家庭系统的问题。但是很多家庭关系复杂，如家庭离婚、家庭多子女、家庭有一方家长离世、家庭成员有严重心理疾病等。家长的能力也参差不齐，能够提供给孩子涵容的心理支持非常有限。家长对孩子患有抑郁症比较敏感，约谈家长见面或签署知情同意书均有一定的难度，家校合作有困难。通过实践探究，"一体双锥"模型可以有效干预转介返校抑郁症学生，预防心理危机的发生，为抑郁学生提供比较完备的心理护航体系。

"一体双锥模型"是建立在家校合作的"系统——生态理论"基础上。我们坚信家校是相互关联的整体，良好的家庭、学校环境，亲密的亲子、师生、同学关系是青少年身心健康的基石，学校和家庭因素之间相互影响，是一个运转的共同体。

结合抑郁症学生转介就医后返校的普遍情况，通过个案辅导的实践经验总结和评估对比，构建出适合家校合作的"一体双锥"抑郁症学生转介返学后的干预模型，如图2-2-2所示，下文简称"一体双锥模型"。

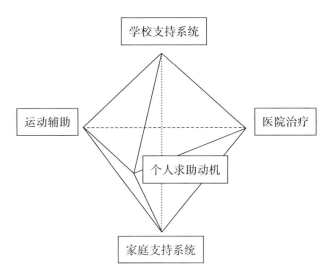

图2-2-2 "一体双锥"模型

一、个案概况

　　小文，女，13岁，初二年级学生，父母常年分居，主要和母亲生活，母亲控制欲较强，父亲非常理性，亲子之间经常出现冲突。小文从小学开始感到情绪压抑，交友困难，睡眠、饮食均不正常，暴饮暴食导致小文过度肥胖。上了初中，小文独来独往，亲子交流不佳，学习成绩较差，经常不能按时完成学习任务。初二年级以来，她情绪低落，经常有想结束生命的想法和计划。经过班主任推介，心理老师介入，初步评估小文有抑郁倾向，心理危机程度比较高，马上联系并告知家长，带其就医。经过医生诊断，小文患有中度抑郁，需要服用抗抑郁药物和进行心理咨询。

二、"一体双锥模型"的顶端作用

　　"一体双锥模型"的顶端是学校支持系统，作为模型的顶端，起到引领带动的作用。该系统包括德育校长、学生处主任、级长、心理老师、班主任、科任老师、班级心理课代表、班级同学等。

　　小文就医返校后，学生处主任、级长、班主任、心理老师一起约见了小文的家长，就小文目前的情况做了全面的了解，对小文的家庭教育方式给予适当的建议。学校层面由级长向小文的科任老师就小文的学习任务进行调整；班主任在班级建立帮扶小组；小组同学主动和小文交往，帮助小文在学校的日常生活；心理老师对小文进行每周一次的心理辅导，及时疏解小文的抑郁情绪，运用潜意识图卡、接纳承诺疗法、辩证行为疗法等整合的技术，帮助小文接纳自己，改善情绪，逐步形成更加完善的人格。

三、"一体双锥模型"中间三部分的作用

"一体双锥模型"中间的三个部分，分别是个人求助动机、医院治疗、运动辅助。

小文就医后，一开始不能接受自己得抑郁症的事实，非常排斥做心理辅导和服用药物，她拒学在家一周左右。这一周内，班主任、心理老师和家长密切联络，指导家长对孩子居家期间的身心照顾，多和孩子谈心，积极引导孩子要按时吃药和做心理辅导对于病情好转的重要性。经过家长的耐心引导，小文愿意按照医嘱服用抗抑郁药物，并答应回校之后就约心理老师做心理辅导。

小文就医返校后，求助动机明显，心理老师和小文建立了较好的咨访关系，每周一次的心理辅导进行得比较顺利。除此之外，心理老师联合体育老师为小文制定运动计划，由体育老师亲自辅导，每周安排3次体育课进行400米跑步或者100次跳绳的运动辅助项目。小文由于抑郁情绪和服药的缘故，身体比较容易感到疲惫，体育老师耐心鼓励她坚持体育锻炼，增强体魄，战胜病魔。返校至今，小文的体育课运动辅助做得都比较好，这对她意志力的锻炼、身体大脑神经递质的分泌、抑郁情绪的宣泄都有很大促进作用。小文周末还在父母的陪伴下去健身房做健身运动，有专门的私教带领小文减脂塑身，减脂之后，小文明显感觉身心轻松了一些。

四、"一体双锥模型"底端作用

"一体双锥模型"的底端是家庭支持系统。作为模型的底端，家庭系统起

到了支撑的作用。众所周知，家庭才是一个孩子心灵的港湾，原生家庭的问题往往让孩子成为索引病人，而真正生病的是整个家庭系统。对于小文父母常年分居的问题，其实对小文的心理造成非常大的创伤，她把自己的家庭排列位置摆放在父母之间，代替了父亲的位置，家庭排列明显出了问题。小文无法代替父亲完成对母亲的陪伴和爱，这让她感到非常难受。每个家庭成员应该在自己的位置上，每个家庭成员的功能也是其他人无法替代的。心理老师与小文的父母会谈后，建议其寻求婚姻咨询，把家庭的问题拿出来解决，而不是一味地逃避，小文的父母也意识到自己对生活的不负责任对孩子造成了伤害，决定寻求专业帮助。小文看到父母愿意改变，也推动她更有求助动机改变自己的现状。小文也逐渐有了比以前更深入的思考，开始思考以前从未想过的问题，对事物有了不一样的看法，有了新的行动计划。

五、研究的结果和结论

（1）小文自己评估抑郁情绪从一开始的10分，下降到现在的4分，情绪比以前好了很多。

（2）班主任老师反映，小文上课能够听课，偶尔走神，下课和同学有交流，作业也可以完成大半。

（3）家长反馈小文在家晚上睡眠好很多，吃饭饭量有减少（以前有暴食的现象），愿意和家长聊天，周末愿意去健身房运动。

（4）心理老师评估小文目前抑郁情绪的程度逐渐降低了，正常学习、人际交往等社会功能在逐渐恢复。

"一体双锥模型"对抑郁症学生转介返学后进行干预有较好的实践成效，经过两个月"医家校"合作实践，小文抑郁情绪的程度逐渐降低了，正常学习、人际交往等社会功能逐渐恢复。

"一体双锥模型"能有效调动学校、家庭、个人、医院四方资源，整合四方力量，让每一方都在自己力所能及的范围内最大限度开展帮助工作。学校的引领带动作用，使得家庭系统更快运转起来，家庭系统的运转又促使个人求助动机萌发，个人求助动机萌发出来，才能促进心理辅导、药物服用和运动辅助介入。

在"一体双锥模型"的良性运转之下,抑郁症学生转介返学后可以更快接纳自己的疾病,遵医嘱服药,根据设置进行心理辅导和运动辅助,学校有针对性地调整抑郁症学生的学习任务,建立帮扶小组,加之家庭的改变和配合,干预效果显著。实践证明,"一体双锥模型"可有效干预转介返学后的抑郁症学生,预防心理危机的发生,为抑郁学生提供比较完备的心理护航体系。

在"一体双锥模型"的良性运作之下,抑郁症学生转介返学后,心理干预效果比较突出。此模型的运用,可以在最大程度上帮助抑郁症学生接纳自己、修复关系、重返校园,回到正常的学习生活中。当然,在这个过程中,心理老师不能单打独斗,有效调动模型中的各方资源才是干预起效的关键。尤其是要和家长结盟,不能让家长感到学校只会一味将责任推到家长身上,家长如果站在对立面,会使家校合作破裂,模型就很难起效。

另外,心理老师在与抑郁症孩子工作的过程中,一定要不断督促家长按时带孩子复诊,根据医生的诊断不断调整咨询的进程,与心理医生做好配合。如果孩子病情严重,医生已经诊断后建议不可只接受心理辅导和咨询,需要住院治疗,也要和家长做好解释和沟通,遵医嘱执行。

第三节　人际交往辅导实操案例

有一次，我们梦见大家都是不相识的。

我们醒了，却知道我们原是相亲相爱的。

——泰戈尔

重塑客体关系　迭代关系模板

——青少年人际关系问题深层动力辅导视角的应用实践

　　青少年人际关系问题深层动力辅导视角是运用客体关系理论来进行心理动力学个案概念化，通过追溯早期与养育者的关系来解释个人遇到的问题和行为模式。相关咨询流程包括描述、回顾、联系三个方面，全面探究来访学生人际关系问题的根源。

　　心理动力学为我们提供了一种假设，即透过个人成长经历可以解释人们某种认知、情感、行为形成的过程和原因。那么，青少年的人际关系问题与他个人经历的关联是什么？什么成长背景的孩子容易出现人际关系问题？人际关系问题与自我认同的联系是什么？原生家庭母婴互动的质量对青少年人际交往的影响是什么？带着这些问题，我通过研究客体关系理论知识，结合人际交往辅导案例实践，深度探析青少年人际交往问题的心理动力。

一、案例呈现

　　小惠，女，14岁，与班级同学相处困难，经常觉得孤独、压抑，有自残行为。经医院诊断她有抑郁、焦虑状态，医生建议药物治疗和心理辅导。小惠经过班主任转介来到心理辅导室寻求帮助。

二、描述（描述目前问题现状）

（1）自我：小惠不喜欢自己，觉得自己不够聪明，不受人欢迎，情绪上来会自残。

（2）人际：小惠不信任他人，觉得别人对她有恶意，没有什么好朋友，和同学经常会有矛盾，比较容易情绪失控，事后又后悔不已，会骂自己，会自残。

（3）适应：小惠习惯使用分裂的防御机制，即一开始会觉得某事物很好，过段时间又将其贬低得一无是处。小惠目前初三年级，依旧没有适应住宿生活，觉得住宿生活很不好，经常在周日晚修前请假不回校住宿，周一早上才回来。

（4）认知：小惠的心智化水平偏低，很难理解他人的感受，遇事容易钻牛角尖。

（5）学习和娱乐：小惠的学习功能受损，学习成绩不断下降，偶尔会以身体不适为由请假不上学，平时喜欢刷手机短视频。

三、回顾（回顾个人成长经历）

（1）婴幼儿期：小惠的母亲在她1岁的时候与父亲离婚。1岁时还发生过母亲醉酒，差点把小惠丢了的事件，是父亲找到小惠，并把她抱回了家。母亲离开家后，由父亲和奶奶带她。

（2）童年期：小惠4岁的时候，父亲再婚，继母开始对小惠不错，小惠也很喜欢继母，但6岁时继母怀孕，胎儿死亡，继母情绪一直很低落，对小惠也很冷淡。9岁时，继母与父亲再次离婚。

（3）青少年期：小学六年级开始，小惠就开始自残，与同学关系紧张。上初中以来，这种情况越来越严重，最终就医治疗。

四、联系（问题与经历之间的联系）

整合小惠的问题和成长经历之间的联系时，最突出的部分就是抚养者与小惠的关系，这也是她存在很多困难的部分。小惠在婴儿期父母离婚，失去母亲照料，缺乏母婴互动带来的安全感、满足感，加之因母亲贪玩醉酒丢了她，被遗弃的事件成为她心理上一次强烈的创伤。1岁阶段的小惠正处于偏执—分裂位的心理发展位态，母亲的离开，稳定客体的突然消失导致小惠形成分裂的防御模式，经常对一个事物一开始觉得非常理想，后来迅速厌恶和排斥，不能形成稳定的关系。母亲的离去，父亲的疏于照料，使得小惠对他人的关系有强烈的不信任感和低亲密感，并对他人有不切实际的预期，表现在对继母的理想化和高期待。当继母因为失去自己的孩子情绪低落，对小惠照顾不周的时候，小惠再次进入对亲子关系失望痛苦的恶性循环中。小惠由于没有得到养育者很好的镜映，自尊水平非常低，她认为自己是不被需要和无价值的，难以拥有良好的自体感，倾向于严苛的自我惩罚，如自残的方式来对待自己。小惠与生母、继母短暂且不持久的互动关系，形成她混乱矛盾的依恋类型，因此在与同学交往的时候，也是套用这个关系模板，即一开始迅速发展关系，接下来变得不信任，然后结束关系，这是对创伤的强迫性重复。表2-2-2表述了各年龄段小惠的主要抚养者与她的关系。

表2-2-2　主要抚养者与小惠的关系

年龄	小惠的处境	小惠的情绪	主要抚养者
0～1岁	被遗弃、缺乏母亲的共情和镜映	恐惧、弱小感	疏忽、冷漠的母亲
1～4岁	缺乏母爱	无助、不信任、弱小感	疏忽的父亲和奶奶
4～9岁	继母对她由喜爱到冷淡	失落、不信任、弱小感、自责	不稳定的继母
9岁以后	同学关系冲突、自残	愤怒、自卑、不信任、压抑、纠结	疏忽的父亲

五、辅导过程概述

1. 建立良好关系，采用动力倾听（第1~2次辅导）

由于小惠是由班主任推介而来的，求助动机不是非常强烈，所以建立良好的咨访关系是非常重要的前提。第1次辅导，她一进来就眉头紧锁且脸色苍白，由于她前几天自残被同学发现报告给了老师，所以她显得怯生生的。我让她坐下来，温和地看着她，观察到她比较紧张，我让她先自由参观一下心理辅导室，给她介绍了一些心理辅导的基本设置。和她聊完这些，我发现她的表情舒展了一些，少了一些防备。前2次辅导，主要是创造安全的空间，降低小惠的防御，采用心理动力学倾听，让她自由联想式地慢慢讲述自己的故事。在这个过程中，我把重点放在一些指向过去的线索，梳理她的问题与成长经历的关联。

2. 重新内化关系，善用移情反移情（第3~5次辅导）

纵观小惠成长经历中的关系因素，不难发现，糟糕的亲子关系一直伴随着她的成长，这可能是导致她人际关系问题最大的根源。在这一辅导阶段，我将自己调整在"足够好的妈妈"的位置，深度共情和镜映她内心的需要，紧贴她的情绪和愿望的工作，让她体验不一样的关系。在这个过程中，小惠曾表现出对我一定程度的攻击，比如她说："辅导没有什么进展，还是和同学关系处不好。"我将这个过程理解为小惠对我的移情，她把我当作母亲，表达她对母亲当年离开她的愤怒。在这个过程中，我利用自己的反移情工作，把她的愤怒转化之后解释给她听，让她逐渐意识到自己与人交往的关系模板是来自于早年母爱的缺失，导致不安全的依恋模式，形成消极的关系模板。

3. 修改自我意识，提升自尊水平（第6~7次辅导）

小惠一方面对自己有大量的贬低和自责，另一方面她又对自己高要求，希望自己受人欢迎，希望自己成绩优秀。所以她在理想与现实之间不断受挫，导致严重的情绪、行为问题。这一阶段的辅导，主要探讨她对自己的认识，包括身体、心理、社会三个层面。我和小惠之间稳定的咨访关系本身也有支撑她不坚固的自体感的作用，让她能够慢慢看到和接纳自己的优点和缺点，提高来访学生的自尊水平，并整合成对自己稳定的信心。

4.调动亲情资源，绘制未来蓝图（第8次辅导）

与青少年工作，一定不能离开她的家庭，需要建立发展治疗之外的人际关系，发掘现实的支持资源，找到可以提供帮助的人。这个人毋庸置疑是小惠的父亲。小惠的父亲平时工作非常繁忙，两段不称心的婚姻也让他身心俱疲，孩子现在出现心理问题，更是雪上加霜。由于对小惠父亲的深度共情，让他和我很快建立了联盟关系，达成共识，一起帮助小惠。在这次辅导中，我把小惠和她父亲一起约到辅导室，将OH图卡所呈现的小惠内心的感受展现给小惠的父亲，让亲子之间加深理解，并向小惠的父亲解释了小惠之所以会出现人际交往问题的原因。小惠父亲表示，愿意尝试在接下来的生活中和小惠的生母联系，恢复小惠和母亲的联结，不在孩子面前说生母的坏话，在小惠情绪不佳的时候，会更有耐心倾听孩子的需要和感受，不讲大道理，包容小惠的坏情绪。小惠表示，自生病以来，能够感受到父亲的关心和关爱，并愿意和生母取得联系，周末希望能和母亲出去吃饭聊天。

在心理医生的专业帮助下，小惠按时复查和吃药治疗，再加上8次的心理辅导辅助，小惠自评她的情绪稳定了许多，没有再出现自残行为，与同学交往的恶性循环模式有改善，目前在小组有一位可以聊得来的同学。班主任反馈小惠在班级的情绪也比较稳定，上课的状态有进步，学习任务可以量力完成。相信感受到父母关爱的小惠会越来越稳定，人际交往的问题也会大为改善。

六、客体关系视角辅导人际交往问题实践经验

1.在运用客体关系咨询过程中，随着咨询进程的深入，来访学生可能会把对早期养育者的情感体验放在心理老师身上，表现出一定的阻抗。比如贬低老师的能力，迟到、爽约等。这个时候，心理老师要以一个稳定的客体而存在，即在遭受攻击后依然可以存活，成为一个良好的关系示范。创造安全的空间，降低来访学生的防御。

2.作为一名以客体关系理论为主要辅导理念的心理教师，要更注重来访

学生的领悟、心理感受度,以尊重式的倾听和情感调解来工作。特别要针对反移情来工作,即在反移情中体验潜意识,再将潜意识意识化,然后以解释的形式告诉来访学生。比如将来访学生的攻击性移情涵容之后转化,理解来访学生的内在关系模板,解释给来访学生,促进他的领悟,让他觉察自己消极的关系模板,增强他的心智化水平。

3.用与他人的关系思路引导咨询,帮助青少年理解自己有问题的关系模板的来源,构建新的、健康的模板,通过来访学生与心理老师咨访关系的互动,使来访学生更清楚地认识自己,提高来访学生的自尊水平,重建婴儿期依赖客体之间的原始关系,达到重塑客体关系,迭代关系模板的目的。

4.对于就医后的学生,在医生明确医嘱药物治疗可以搭配心理辅导的情况下,心理老师可以尝试对来访学生进行干预。在此过程中,要及时跟进来访学生用药治疗的情况,多和家长、医生保持联系,建立治疗同盟。

第四节　人格成长辅导实操案例

让你的生命像露珠在叶尖一样,

在时间的边缘上轻轻跳舞。

——泰戈尔

以生为本　育心有方
——运用积极行为支持干预学生偏差行为的教育实践案例

为全面贯彻党的教育方针,坚持立德树人根本任务,以《中小学心理健康教育指导纲要》《广东省教育厅关于中小学心理健康教育工作规范指引》为指导,学校统筹推进实施《广州市中小学心理健康教育行动计划(2021—

2023）》。"以生为本，育心有方"，在全面推进学校各项心理健康教育工作的前提下，重点做好偏差行为学生的心理健康教育工作。运用积极行为支持技术干预学生偏差行为，制定出一套完善的《学生心理教育激励机制》，有效强化偏差行为学生多做学校、社会期待的行为，从而达到改善学生偏差行为的目的。

在具体实施方面，根据积极行为支持理论，通过收集信息、提出假设、验证假设、实施干预，制定出一套完善的《学生心理教育激励机制》，引导学生用正确的行为来满足自己的心理需求，从而达到改善学生偏差行为的目的。为中小学校提供了对偏差行为学生转化工作的思路和策略，具有实操性、可迁移性，有很强的推广价值。

一、选取依据

在日常的德育心育工作中不难发现，由于偏差行为学生会对自己及他人造成直接或隐藏性的伤害危机，因此成为班主任、心理老师、科任老师、家长共同关注的焦点。对于有扰乱纪律、学业糟糕、人际匮乏、没有安全感和价值感的偏差行为学生，短期的认知、情绪调适和长期的人际效能提高、人格完善、价值感建立是非常重要的。那么如何在学校的学习生活中挖掘偏差行为学生自我实现的价值，引导和强化偏差行为学生做出社会期待的行为呢？这就需要有效的干预措施。干预措施的第一个关键点是挖掘偏差行为背后的需求，第二个关键点是研究如何用正确的行为来替代偏差的行为，而这两个干预措施需要有一个长效的积极行为支持强化机制来护航。

按照积极行为支持技术理念，需要从以下四个处理策略来分析和干预：收集资料—提出假设—验证假设—实施干预。学校学生发展促进中心根据此干预策略，特别设计并向全校推广《学生心理教育激励机制》。以星光少年、晨光少年、阳光少年三级为升级段位，根据一定的奖励项目对学生个人按规定标准给予奖励三宝——奖励卡+徽节+特别奖励券。按照一定兑换规则和获得徽节的等级，学校会给予学生相应的奖励或特权，这为学生偏差行为的改善提供了积极行为支持。该心理激励制度特别强调仪式感和个性化，通过与偏差行为学生协商奖励特权，签订行为契约，进一步强化良好行为的养成。

二、实施过程中出现的问题与解决措施

1.实施过程中出现的问题

（1）学生本人通常没有强烈的求助动机。很多偏差行为的学生在小学阶段就已经有了非常丰富的"斗争经验"，自己不想改变。那么如何激发学生的改变动机，是实施方案中最重要的一个部分。

（2）找准学生偏差行为的背后动机。多数学生本人并不能说得清楚，因此，提出相关的假设，寻找准确的内在动机，是实施过程中最困难的问题。只有锁定内在动机才能有的放矢。通过设计个性化的干预策略，才能让他们用正确的行为来满足自己的心理需求。

2.解决措施

（1）收集资料。全面收集个案的相关资料，包括本人情况和家庭情况。

（2）现状描述。就个案目前的问题，提出假设，分析偏差行为背后的动机。

（3）原因分析。形成对个案的概念化解释。

（4）实施干预。与个案一起设计个性化的心理激励干预措施，在干预过程中不断调整，灵活应对。

3.具体案例分析

下面以一个真实的干预个案为例，说明实施过程中出现的问题与解决问题的措施。

（1）个案基本情况：昊昊，13岁，初一年级学生，从小不学无术，调皮捣蛋。上初中之后更是不写作业、不听课、打同学、恶作剧等，被同学冠以"万人嫌"绰号，没有任何同学愿意亲近他。小学时经医院诊断为多动症，断断续续接受药物治疗。

（2）家庭基本情况：昊昊1岁时被养父母领养，和养父母一起生活。在他上小学期间，与养父母之间的关系开始疏离，养父长期不在家，养母也没有很多精力管他，养父偶尔回家后，对待昊昊的方式也简单粗暴，尤其听到老师的投诉，就会暴打昊昊一顿，接着又是多日不回家。养母对昊昊非常无奈，每当接到老师投诉，养母就说管不了，没办法之类的话，班主任因此非常头疼。

（3）能力现状与问题描述：

①昊昊从上小学开始，屡次违反纪律，喜欢打人，不完成学习任务，学习成绩垫底，经常被老师投诉批评，受到班级同学排斥。

②昊昊内心价值感非常低，觉得自己一无是处，觉得活着没有价值和意义，于是破罐子破摔。

帮助昊昊的第一个关键点是挖掘偏差行为背后的需求到底是什么，第二个关键点是研究如何用正确的行为来替代偏差的行为。

（4）原因分析：

昊昊的偏差行为其实是在用一种错误的方式来满足自己正常的需求。所以仅仅消除他的偏差行为是远远不够的，真正重要的是教会他如何用正确的行为来满足自己的需求。因此，根据昊昊自己的陈述和班主任的陈述，我提出两点可能的原因：

①昊昊喜欢打人、违反纪律，有可能是发泄愤怒情绪。因为他从小感受到父母、老师、同学的不待见，对他人有很多愤怒，想通过打人发泄情绪。

②昊昊喜欢打人、违反纪律，有可能是想吸引别人注意。因为他从小没有建立安全的依恋关系，父母都比较忽视他，形成了他不稳定的人际交往模式，加之他一直没有朋友，没有人走近他，他想通过打人吸引别人注意，来与他人建立关系。

（5）实施过程中出现的问题：

①昊昊本人一开始并没有强烈的求助动机，换句话说，他已经有了固定的"人设"，他自己不想改变。如何激发他的改变动机，是实施方案最重要的一个问题。

②昊昊偏差行为的背后到底是什么动机？询问他本人，他自己也说不清楚。因此，提出相关的假设，寻找准确的内在动机，是实施过程中最困难的问题。

（6）解决措施：

①收集资料，发现核心信念。

昊昊的亲生父母抛弃了他，养父母在孤儿院领养了他，他在小学的时候知道了自己被领养的事实，一开始他很难接受，觉得自己被亲生父母抛弃，是个不受亲生父母欢迎的孩子。从上小学开始，他屡次违反纪律，喜欢打人，不完成学习任务，学习成绩垫底，经常被老师投诉批评，受到班级同学排斥，导致他内心价值感非常低，觉得自己一无是处，活着没有价值和意义，于是破罐子破摔。我通过询问他以下三个问题，发现了他的核心信念。

a.你觉得这个世界是怎样的世界？

昊昊回答："这个世界很没有意思。"

b.你觉得他人是怎样的？

昊昊回答："他人都很不友好。"

c.你觉得自己是怎样的？

昊昊回答："我是一个不受人喜欢的人。"

我询问昊昊的班主任，最想昊昊改善的是什么行为，班主任表示是他的随意打人行为。班主任反映，昊昊很喜欢打人，一下课就游走在班级里，莫名其妙就打人一下，男生女生他都打，打完就跑，其他同学很反感他，可他无所谓。有一次，昊昊因为打了一个男生，对方很生气，两个人扭打在了一起，被老师叫家长处理，事后，他依然会下课打人，没有收敛。

②提出假设，寻找内在动机。

根据昊昊自己的陈述和班主任的陈述，提出假设：昊昊有可能是因为从小感受到父母、老师、同学的不待见，对他人有很多愤怒，想通过打人发泄情绪；也有可能是因为他一直没有朋友，没有人走进他，他想通过打人吸引别人注意，和别人建立关系。

③验证假设，锁定内在动机。

通过班主任和心理老师一个月的观察后发现，昊昊无论心情好还是心情不好，都有下课打人、违反纪律的行为，所以我们排除了他是为了宣泄愤怒情绪而打人的动机，而且在与昊昊的交流中，昊昊谈到自己很想交朋友，可是同学们都不怎么理他，他很苦恼。所以可以判断出，昊昊下课喜欢打人是想吸引他人的注意，与他人建立关系。

④实施干预，运用心理教育激励机制。

如何在学校的学习生活中挖掘学生自我实现的价值？引导和强化学生做出社会期待的行为呢？尤其对于昊昊这种随意打人、扰乱纪律、学业糟糕，长期被他人排斥，没有获得安全感、价值感的学生，短期的认知、情绪调适和长期的人际效能提高、人格完善、价值感建立都是非常重要的，而这些干预措施需要一个长效的心理支持强化机制护航。

学校学生发展促进中心从2015年起，设计并向全校推广《学生心理教育激励机制》：以三级星光少年、晨光少年、阳光少年为升级段位，根据一定的奖励项目对学生个人按规定标准给予奖励三宝：奖励卡+徽章+特别奖励券，按照一定兑换规则和获得徽节的等级，学校会给予学生相应的奖励或特权，这些奖励措施为学生的偏差行为改善保驾护航。

通过与昊昊协商奖励特权，激发了他的改变动机；经过一个学期的干预，他通过自己的努力获得基础卡并兑换获得特权，增强了自信心和价值感；通过心理辅导，他对自我认识、家庭关系、情绪处理、人际交往的认识和交往技巧有了很大提升。

三、实施过程的创新点

1.聚焦偏差行为的两个干预方向

（1）增加期待的行为，例如安静听课、按时完成个性化作业以及取得成绩进步等等；

（2）减少偏差的行为，例如下课打人、随意离座、干扰自习课等等。

通过设计表格，明确具体干预方向。如表2-2-3所示。

表2-2-3　偏差行为干预方向计划表

偏差行为	背后动机	增加期待的行为	减少偏差的行为	干预支持强化机制
违反纪律随意打人	吸引注意	安静听课、按时完成个性化作业、成绩进步	下课打人、随意离座、干扰自习课	心理教育激励机制

2.个性化设计心理激励机制

对偏差行为学生进行心理辅导，包括对其原生家庭关系、自我认知、情绪调节、人际认知和人际交往技巧进行的辅导。在此基础上，配合《学生心理教育激励制度》，与偏差行为学生协商奖励特权，签订行为契约，写明要做到怎样的行为，如果做到了，会有什么奖励，进一步强化良好行为的养成。以昊昊的干预个案为例（如表2-2-4所示）：

表2-2-4　个性化学生心理激励行为契约

激励等级	基础卡数	行为契约特权	基础卡获得指标
星光少年	10张	班主任向家长打表扬电话一次	1.当天所有课间休息没有打人行为，奖励1张基础卡；
晨光少年	20张	获任意调换自己座位的权利一次，与自己想结交的同学坐	2.当天完成老师布置的个性化作业（根据昊昊的基础布置的作业），奖励1张基础卡；
阳光少年	40张	获得散学典礼校长颁奖资格，并减免假期部分作业	3.当天没有自习违纪投诉，奖励1张基础卡

甲方：

乙方：

年　　月　　日

昊昊和心理老师签订了行为契约，为自己制定了个性化的奖励特权。昊昊对为自己制定的特权表示很喜欢，也承诺坚持做出好行为去拿到每一张基础卡，获得属于他的奖励卡，感受属于他的价值感和成就感。另外，心理老师还给他做了5次心理辅导，使他意识到自己是"万人嫌"的根源是什么。通过心理辅导，昊昊对自我认识、家庭关系、情绪处理、人际交往的认识以及交往技巧有了很大提升。最终，昊昊在期末得到了"阳光少年"奖励，由校长亲自给他颁发证书。

四、资源开发

为了将《学生心理激励机制》落到实处，学校学生发展促进中心设计了三种配套资源物资，包括：

1.奖励卡（基础卡），如图2-2-3所示。

图2-2-3 广州开发区中学奖励卡

2.奖励徽章（三级），如图2-2-4所示。

图2-2-4　广州开发区中学星光、晨光、阳光青少年徽章

3.特别奖励券（三级），如图2-2-5所示。

图2-2-5　广州开发区中学星光、晨光、阳光少年特别奖励券

兑换规则：

（1）基础卡：蓝色奖励卡，每个班级下发到班主任处，由班主任根据个人、班级、年级个性化奖励规则派发。

（2）集齐10张数基础卡（根据学生情况可以个性化制定兑换起点张数）兑换一个星光少年徽章，换得星光少年徽章者，须佩戴星光少年徽章，并享受星光少年特殊奖励。

（3）集齐两个星光少年徽章兑换一个晨光少年徽章，换得晨光少年徽章者，须佩戴晨光少年徽章，并享受晨光少年特殊奖励。

（4）集齐两个晨光少年徽章兑换一个阳光少年徽章，换得阳光少年徽章者，须佩戴阳光少年徽章，并享受阳光少年特殊奖励。

五、未解决的问题与不足

本案例未解决的问题主要是针对一些多动症、自闭症、阿兹伯格症等心理疾病的特殊学生，他们必须寻求专业心理医生的帮助，以心理治疗为主，偏差行为干预辅助。一些患有特殊心理疾病学生的家长不带孩子就医或者就医之后没有按时服药和复查，导致这部分因心理疾病导致偏差行为的特殊学生转化效果不理想。接下来，学校发展促进中心将会动员更多家长的力量，做好家长的工作，积极与家长会谈，提供有针对性的合理建议，并在获取家长信任的基础上，有计划、有策略地共同教育，家校合作，更好地引导学生。对患有特殊心理疾病的学生干预做到"一生一案"，做好转介、复学等相关工作，与家长、医院、社区联动，共同为特殊学生的偏差行为转化保驾护航。

六、案例评价

1.案例评价

美国哈佛大学教授罗森塔尔等心理学家对学生的良性发展进行了一系列研究，证明学生的良性发展与老师对其的关注程度成正比关系，老师对学生的期望足以对学生产生强烈的激励作用。

本案例的实施让教育者看见了偏差行为学生的内心需要，聚焦偏差行为学生的转化，灵活运用积极行为支持技术理念，设计富有个性化的干预方案，激发偏差行为学生改变的动机，让学生用正确的行为满足自己的需要。偏差行为学生大多数由于特殊的家庭环境和自身各方面的能力比较弱，会产生低自尊、自卑、自我评价偏负面等不良的自我认知。在同学群体里也容易被忽视、被歧视、被排挤，有大量负面情绪和对人际交往的偏差认知。所以，本案例的实施使他们有机会体会到被关注、被重视、被欣赏，这对他们来说是一个极大的鼓舞，也是他们生命的一次重启。

2.过程评价

细致与耐心是转化偏差行为学生的法宝。偏差行为背后有很多可能的动机和功能，比如满足生理上的自我刺激、逃避不喜欢的人和事、获得他人注意、获得实质性的物质、表达需求或发泄情绪等。因此提出假设，寻找内在动机，是实施过程中最重要的部分。只有锁定内在动机才能有的放矢，设计干预策略，让他们用正确的行为来满足自己的心理需求。以昊昊为例，通过行为功能分析发现昊昊打人违纪背后的根源是为了吸引他人注意，这个需要背后的价值是积极和值得肯定的，证明他还是有融入生活的愿望，只是方法用错了，适得其反。想要引起他人注意和与他人建立关系有很多很棒的方法，我细致耐心地和昊昊一起讨论、实践，并结合学校心理激励机制，强化昊昊养成良好的行为习惯。他通过获得基础卡并兑换获得特权，增强了自信心和价值感，并且明白吸引同学不一定要用极端的方式，学习好不好也不是最重要的，做一个品行良好的好少年也一样受人欢迎。

3.结果评价

本方案从2015年开始实施，经过7年的实践应用推广，在学校已有了许多成功案例，并且切实为班主任、心理老师与偏差行为学生的工作带来实效帮助，使学校形成"以生为本，育心有方"的德育心育理念。学校全体教育工作者秉承该理念，不把视角仅仅放在学生的偏差行为上，而是换个角度，调整教育对策，与他们"和解""拉手"。找到引发学生行为偏差的症结，科学运用积极行为支持技术理念，把它落实在学生心理教育激励机制中，引导偏差行为学生改善其行为，促使其按照我们所期待的方向发展。

未来，我们将继续完善该方案，与本校的集团校（四所小学）、社区幸福港湾、家长学校等进行联动，将这项转化偏差行为学生的经验积极推广下去。

七、案例反思

在以往的案例中，德育心育老师容易以学生的问题为导向，目标指向解决单一性问题，这样往往只会陷入被动处理眼前问题的死循环，班主任、心理老师扮演的是"救火队员"角色。积极行为支持是用"效果导向"的思维方式，使教育者能够用更为系统的方式，从更加全面的角度去审视偏差行为的孩子，寻找问题产生的原因。

（1）建立良好的师生关系，与学生建立互信、尊重和理解的关系，让学生感受到自己被关注和支持。这有助于减少学生的负面情绪和行为问题。

（2）制定明确的规则和期望，为学生设定清晰的行为规范和期望，让他们知道自己应该做什么，不应该做什么。同时，要确保规则的公平性和一致性，避免对学生进行歧视或偏袒。

（3）提供给学生积极的反馈和奖励，鼓励他们改正偏差行为并展示积极表现。这可以增强学生的自信心和行动力，促进他们的成长和发展。

（4）帮助学生解决问题，了解学生的问题和困难，并提供必要的支持和帮助。例如，可以安排心理老师与学生交流，帮助他们解决情感问题或家庭问题。

（5）对于确诊为"多动症""自闭症"的特殊学生，德育团队要联合家庭、医生的力量，对该学生进行个性化帮扶，将这类学生与普通"偏差行为问题"学生区别开。

（6）结合学生心理教育激励机制，培养学生的自我管理能力，通过教育和训练，帮助学生掌握自我管理的技能和方法，如情绪调节、时间管理、决策能力等。这有助于提高学生的自律性和责任感，减少偏差行为的发生。为偏差行为学生设计个性化的改善方案，激发他们改变的动机，强化他们做出符合期待的行为，帮助他们健康快乐成长，最终成功融入社会，真正将"以生为本，育心有方"的教育理念落到实处。

第五节　家校合作实操案例

如果你因失去了太阳而流泪，

那么你也将失去群星了。

——泰戈尔

把"倾斜"的爱适当给大孩

——同胞竞争效应的家庭教育应对策略探究

我国的计划生育政策从"单独二孩"到"全面二孩"再到"全面三孩"的变革，是许多多孩家庭正在面临的家庭教育新挑战，其中以同胞竞争最为突出。在我最近几年接待的个案中，家庭里的大孩因弟弟妹妹的出生而产生焦虑、抑郁、烦躁、自残等心理问题的比例在攀升。同胞竞争会给大孩的心理带来重大影响，比如很多大孩对父母再生一个孩子持强烈反对意见，同胞之间冲突频发，一些教育方式单一的家长简单粗暴地对待大孩，认为他是老大，应该让着弟弟妹妹，继而引发一系列家庭冲突问题。大孩的内心世界究竟如何？父母应该如何平衡孩子之间的竞争关系？多孩家庭怎样才能和睦共处？

从家庭系统的视角来看，原生家庭对孩子的成长有着非常重要的影响。本文旨在通过问卷调查的数据分析，结合个案研究来深入探讨同胞竞争效应以及相对应的家庭教育策略，为"多孩"家庭的教育方式提供更科学的指导。

1.生态系统理论

美国心理学家布朗芬布伦纳提出的生态系统理论认为，个体的发展嵌套在与他相互作用的系统中，分为四个层次，包括微系统、中系统、外系统、宏系统。其中微系统指一个人所处的家庭关系。

2.家庭格盘

家庭格盘是使用木偶摆放的家庭雕塑，通过可视化的沟通媒介，激发来访者的内在动力，是系统咨询行动法之一。

3.同胞竞争效应

同胞竞争效应是指随着弟弟妹妹的出生，儿童表现出某种程度的情绪和行为问题，比如嫉妒和某种程度的退行，常有与父母对立冲突的行为，爱发脾气，情绪比较焦虑、敏感、痛苦、抑郁等，甚至引发各种躯体化症状。同胞竞争在家庭中的常见表现如表2-2-5所示。

表2-2-5 同胞竞争在家庭中的常见表现

情况	父母的方式	大孩的感受	同胞竞争结果
弟弟妹妹的出生	注意力转移到小孩子的身上	妒忌、失落、抑郁	憎恨弟妹，对抗或者疏远父母
大孩被迫忍让小孩	无原则的让大孩让着弟弟妹妹	不公平、委屈、敏感	兄弟姐妹关系紧张，对抗或疏远父母
大孩和小孩之间对比	拿小孩的听话和大孩的叛逆比较	气愤、无价值感、焦虑	兄弟姐妹之间矛盾频发，被贬低者破罐子破摔

其实，大部分父母并非有意忽视大孩子，他们只是过高地估计了大孩子的能力，父母如果没有及时引导，时间长了，大孩子的很多行为和功能就会出现问题或退化。

本调查研究通过问卷调查与个案研究双向开展。问卷由一般情况调查表、儿童抑郁量表、同胞关系问卷、儿童社交焦虑量表构成。本次问卷调查在学校随机抽样选取300名学生施测，其中有效问卷289份。个案研究运用家庭格盘等家庭治疗技术开展。

（一）主要研究结果

研究数据分析显示，抑郁总分与竞争得分和冲突得分呈正相关；抑郁总分与亲密得分呈负相关；社交焦虑总分与竞争得分和冲突得分呈正相关；社交焦虑总分与亲密得分呈负相关。研究结果如表2-2-6所示。

表2-2-6　抑郁总分、社交焦虑总分与竞争得分、冲突得分、亲密得分的相关分析

	竞争得分	冲突得分	亲密得分
抑郁总分	0.011*	0.251***	−0.302***
社交焦虑总分	0.259***	0.162***	−0.268***

*<.05　***<.001

（二）关于研究结果的讨论

根据表2-2-6，社交焦虑、抑郁总分与竞争得分、冲突得分呈正相关，社交焦虑、抑郁总分与亲密得分呈负相关。当大孩因为弟妹的出生，他的脑海中会出现很多不合理的信念，比如：父母不爱我了、我的地位被弟弟妹妹夺去了等等，会产生许多负面情绪。如果发生冲突被批评的也是大孩居多，父母多数让大孩忍让，长期下去，大孩会由起初外在的愤怒不满转而指向自己，随之出现抑郁、焦虑的情绪。由此可以看出，抑郁、焦虑情绪会直接导致竞争行为、冲突行为的产生，抑郁焦虑情绪越严重，竞争和自残自杀冲突的情况会更严重，同时会影响同胞关系的亲密程度。

（三）个案研究

1.基本情况

小河，男，14岁，初二年级学生。小学阶段他的父母管教严厉，导致他学习被动，是在母亲的压制之下完成学业的。在他刚读初一的时候，母亲怀了二胎，就将他送到朋友家寄养，等妹妹1岁多后才将他接回家住。一年多的时间不在家住，小河已经养成不良的学习习惯，学习成绩变得糟糕，做事喜欢拖拉，在班里人际关系紧张，朋友很少。他对父母态度很差，经常发生冲突，对妹妹也不理不睬。近三个月，他几乎不能正常上学。

2.评估

该生的症状是由现实原因引起的，时间持续了三个月，学习、人际功能均受损。该生无幻觉、无妄想，无思维逻辑障碍，自我意识完整，有求助动机，经医院诊断为轻度抑郁和焦虑，可以辅助心理辅导。

3.辅导过程概述

介于小河的问题属于家庭关系议题，我和家长孩子共同商议之后，做5次家庭辅导，以下是辅导概述：

第1次辅导：呈现议题看关系。

我请小河使用家庭格盘，摆放目前的家庭关系。小河共摆放7个人，分别是爸爸、妈妈、自己、妹妹、阿姨、叔叔、哥哥，其中叔叔、阿姨、哥哥是他过去一年寄养家庭的成员。可见，在小河心中，阿姨一家人还是占有比较重要的位置的。我重点和他探讨现状，澄清问题。

图2-2-6　小河的家庭现状格盘

第2次辅导：透过关系看模式。

经过深度探讨，我们推演出小河家不良的互动模式。妹妹出生，父母把小河送到朋友家寄养一年，小河觉得父母不爱自己，内心失望、痛苦。来到阿姨家，阿姨一家不怎么管他，比起小学，他的生活环境发生翻天覆地的变化，突然宽松的环境让他一下子就沉迷于游戏，学习成绩一落千丈。回到自己家后，家里多了一个妹妹，让他极度反感。母亲看到他学习这么差，作业也不自觉做，就天天唠叨他，让他更加烦躁，和母亲在家里冲突频发。我们重点探讨了那些失望、痛苦、烦躁的感受。

第3次辅导：探索模式找资源。

小河之所以痛苦、烦躁是因为他内心深处很在意父母，渴望和父母亲近。当小河在家庭格盘中俯瞰到自己和爸妈之间的关系距离，领悟到自己烦恼的根源和问题背后的需要后，他被触动了。这一点非常重要，这就是他内心的资源。

第4次辅导：资源赋能自疗愈。

小河决定主动靠近父母，做一些拉近和父母关系的事情，比如周末帮妈妈做一些家务，主动带一下妹妹。我鼓励他大胆尝试，用自己的方法，做解决自己问题的专家。

第5次辅导：家庭会谈。

在家庭会谈中，每位家庭成员陈述了目前的问题对自己的影响，父母对小河的痛苦表示理解，也向孩子道了歉，先不谈学习问题，围绕修复关系提出了建设性的改善意见。父亲提议在家里专门给小河布置一个小房间，让他有自己独立的空间。母亲提议可以偶尔单独陪陪小河，比如和爸爸去打球或者和妈妈看电影。小河说妹妹其实也挺可爱的，只不过之前很嫉妒她，不想理她，现在他愿意周末有空帮母亲带一下妹妹。在结束之前，我鼓励大家积极行动，促进问题的改善。

（四）实践反思

家庭教育方式对同胞竞争影响巨大。从了解到理解再到和解，父母的态度是关键，应适当把"倾斜"的爱给大孩。

1.抽出时间单独陪伴大孩

很多生多孩的父母最初的愿望是生个弟弟妹妹给大孩作伴，让大孩不再孤单，但是大孩的想法不一定是这样的。父母应尽量创设单独陪伴大孩的机会，和他互动，让他在心理上得到爱的满足。

2.不要擅自把大孩的东西给弟妹用

有了多孩之后，家庭的经济压力会变大，很多父母会把大孩的玩具、衣物直接给弟妹用。这种节约的思想无可厚非，但是要征求大孩的同意，因为在大孩的心里，这些东西虽然他不用了，但还是属于他的。不经大孩的同意，"抢夺"原本属于他的东西，会让大孩更容易对弟妹产生厌恶和排斥。

3.不要在孩子之间进行比较

养育多个孩子不要将他们放在一起比较，优秀的孩子会很自豪，但会伤害其他孩子的自尊，也不利于孩子之间亲密关系的建立。父母应该适当把"倾斜"的爱给大孩，尽量避免在弟妹面前批评大孩。

4.不逼大让小

孩子之间有冲突是很难避免的，孩子之间的争吵来得快去得也快，父母不要把事件扩大化，原则性的问题比如涉及安全等要严肃批评，其他鸡毛蒜皮的小事就淡化处理。如果孩子求助父母协调，父母应该先把事件的经过了解清楚，不要只看表面，也不能总说"弟妹还小，你要让着他们"，这样既娇惯了弟妹，又委屈了大孩。

第六节 危机干预实操案例

> 人是一个初生的孩子，
>
> 他的力量，
>
> 就是生长的力量。
>
> ——泰戈尔

"AI"女孩的春天

——阿斯伯格学生心理危机的"校家医"协同干预实践

在日常的学校心理辅导过程中，我发现有这样一类女生，她们对人际交往倾注了大量的精力，但屡屡受挫。她们与女生间的友谊极其复杂和微妙，她们渴望与对方相互倾诉，但很容易跑题，让对方不知所云。如果友谊突然中断或破裂，她们会为此感到痛苦无比、大发脾气，甚至自残自伤，完全不懂对方为何突然与自己断交，看不懂对方的意图或动机。因此，她们也越来越不愿与同龄人社交，更喜欢和年龄大的人交往。更糟糕的是，心理老师花费很多时间精力和她们探讨人际交往的技巧，她们的行事风格依然如故，辅导进展甚微。到底是什么原因导致这类女生人际交往困难？她们人际交往问题的背后有没有更深层次的生理原因和社会原因？如何真正有效改善她们人际交往问题衍生的情绪、行为问题？带着这些疑问，笔者尝试运用本人建构的"校家医三位一体"学校心理健康服务模式，打通医教协同、家校联盟、医患沟通三条心理健康服务脉络，真正做到全方位对来访学生的心理健康保驾护航。

近几年来，全国中小学生心理问题频发，心理危机事件发生率增高，学校的心育工作普遍存在不少困境。笔者从2020年开始，科学建构了"校家医三位一体"学校心理健康服务模式工作机制，将学校、家庭、医院三方有机整合，三条心理健康服务脉络全线打通，促进学校、家庭、医院三方资源共享、优势互补。如图2-2-7所示。

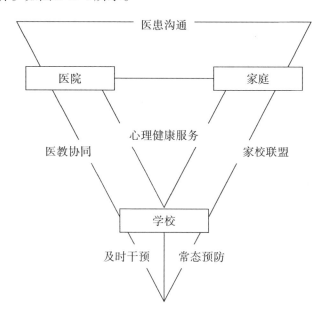

图2-2-7 "校家医三位一体"学校心理健康服务模式

"校家医三位一体"学校心理健康服务模式协作流程搭建了集心理预防、心理筛查、心理辅导、心理评估、心理诊断、心理治疗、危机干预等为一体的工作机制。整个协同过程采用动态管理模式，具有灵活、高效等特点。"校家医三位一体"的具体协作流程如图2-2-8所示。

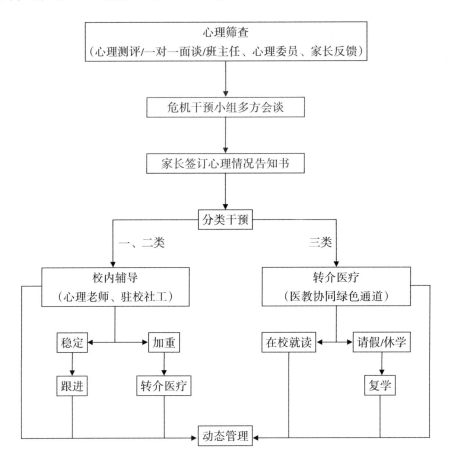

图2-2-8　"校家医三位一体"学校心理健康服务模式协作流程

根据上述协作流程，区名师工作室与正规三甲公立医院心理科签订合作协议，医院开通特诊"绿色通道""复学门诊""医教、医患沟通平台"，最大程度为来访学生就医提供方便，完善系统式家校联盟体系，将家庭教育指导落到实处，融通医生教师资源队伍，全面提升学校心理健康服务水平。

"校家医三位一体"学校心理健康服务模式是建立在社会生态系统理论框架下，从学校、医院、家庭三个维度，全面探究来访学生问题的根源和解决问题的策略。

一、个案概述

小煦，女，15岁，家中独女，父母均为高知人士。小煦由于受人际困扰，表现出强烈的情绪反应，有自残行为。班主任遂转介心理老师寻求心理帮助。

二、历史资料收集

1.自我视角。小煦自述从小学开始就出现人际交往困难问题，友谊很难持久，被小学同学冠以外号"AI"，她自己也不明白为什么会被叫作"AI"，总觉得自己很糟糕，不受人欢迎；她感到被排挤孤立的时候觉得活着没有意思，会用自我伤害来缓解痛苦，经常想结束自己的生命；她内心非常渴望友谊，甚至为友谊倾注过多的精力与感情，但是搞不懂对方为何突然与自己断交，看不懂对方的意图或动机。因此，小煦越来越不愿社交，习惯用自残减轻人际交往的痛苦。

2.父母视角。父母讲述孩子从小不愿与他人眼神交流，但在视觉艺术或音乐方面有天赋，痴迷神话故事、音乐和戏剧、文学角色，并不断想象、重复相关内容，使自己处于愉悦状态；经常模仿故事、电影或戏剧里面的角色或情节，有时将台词背得滚瓜烂熟，喜欢研究人物特性，模仿其处事风格，并用在社交场景。同学可能觉得她表现不真实，很假，所以叫她"AI"。孩子从小学开始到现在一直有自残的行为，也表达过"不想活了"的想法，并实施过一次自杀（喝眼药水），未遂。

3.班主任视角。小煦在学习方面没有太多问题，成绩中等，主要是人际交往问题突出。她喜欢下课和老师聊天，说一些自己感兴趣的话题，比较少和同龄女生交往，经常会过来投诉同学对她不礼貌的言行。班主任还观察到小煦有模仿他人表情的行为，在和他人交流的时候，别人笑，她也笑，别人愤怒，她也会表现出愤怒，但看上去她并不理解对方情绪变化背后的内心感受。同学反映小煦手腕有很多划痕，班主任遂报告心理老师干预。

三、"校家医"三方协同干预

鉴于小煦目前的状况，我尝试和她面谈了1次，感觉沟通比较困难，她总是陷在自己的逻辑思维里，加之小煦存在自残行为和自杀意念，经过评估，我决定联系家长转介"医教协同"三甲医院心理科就诊，享受就诊"绿色通道"，并在就诊当日与心理医生预约了50分钟的心理咨询，心理老师和家庭全体成员共同参加。

"校家医"三方协同干预过程概述如下：

1.交流信息，科学评估，明确诊断

心理医生通过问诊，开具相关心理测评、智力测评、脑电等检查，辅助诊断。检查结果出来后，心理医生根据问诊和测评，明确诊断小煦患有阿斯伯格综合征。

2.三方会谈，解释病情，增强信心

在这次三方会谈中，心理医生主要对孩子目前的病情作了知识科普，帮助家长和小煦理解自己的问题，从自我责备、自我怀疑中解放出来。

心理医生：阿斯伯格综合症属于孤独症谱系障碍，属于神经发育障碍，表现为发起和维持相互的社交互动、社交交流能力的缺陷，以及一系列重复、受限、不灵活的行为和兴趣模式。根据小煦目前的状况，评估为高功能的孤独症，也就是阿斯伯格综合征，好消息是她具有不错的认知能力，能基本胜任学习，在艺术方面还有特长，只是在人际交往方面她不能很好地整合言语和非言语信息，有一定的缺陷，所以她难以调节自己的行为以适应各种社交情境，这也是她人际交往痛苦的主要原因。

小煦父母：原来她是阿斯伯格，难怪从小我们用了很多办法都不能改善她与人交往的问题。我们甚至怀疑是不是我们家庭有问题，还是学校有问题，把孩子弄成这样了。

心理医生：阿斯伯格女性患者通常症状更隐蔽，没有男性患者那么突出，容易误诊为抑郁、焦虑、强迫症等。小煦，听到了我对你的诊断，你有什么想说的吗？

小煦：我一直以为是我不好，同学不喜欢我，原来是因为我有这个疾病。

心理老师：小煦家长、小煦，经过问诊和诊断，大家明确了小煦的问题根源，理解了她人际、情绪、行为的原因，我觉得是非常有意义的，这为我们协商下一步治疗方案提供了方向。

3.讨论方案，三方合力，缓解症状

心理医生、心理老师与家长一起协商了详细的治疗方案，包括药物治疗、心理治疗还有社会支持。

（1）药物治疗主要通过心境稳定剂（喹硫平、阿立哌唑等药物）缓解小煦焦虑、抑郁的情绪，改善自残行为和自杀意念。

（2）心理治疗主要是通过每周一次心理医生的咨询，帮助小煦认识自我，疏解烦恼，觉察情绪，表达感受，提升心智化能力。

（3）社会支持主要是学校和家庭要营造理解、包容、支持的氛围。班级成立帮扶小组，由心理委员等共情能力比较好的同学带动小煦人际交往，多和小煦互动。家庭方面，父母多共情孩子，在孩子情绪波动的时候做好陪伴和倾听，监管用药，按时复查。

4.持续治疗，及时跟踪，走出循环

女性阿斯伯格患者通常会表现出强烈的情绪、行为问题。情绪稳定不是能马上见效的，更何况阿斯伯格患者人际交往能力有缺陷，现实的冲突会不断刺激情绪、行为问题，因此治疗必然是一个漫长的过程。通过心理教育，小煦和家长都十分认同治疗的重要性，愿意配合心理医生做好长期治疗的准备。心理老师联合班主任密切关注小煦在学校的情况，有问题及时和家长反馈，家校沟通紧密。家长通过"5G互联网智慧医院"平台与心理医生及时沟通用药副作用、药物用量等方面的问题，医患沟通顺畅。经过3个月的治疗，小煦在情绪上虽仍有波动，但整体趋于稳定，没有再发生自残行为，自杀意念消失，心理危机解除，对自我的评价有很大改善，心理医生开始给小煦减药处理，基本达到了治疗目标。

四、"校家医"协同干预阿斯患者心理危机的实践反思

1.明确诊断，有的放矢

当心理室的来访学生自述人际关系屡屡受挫，又不太明白为什么会受人疏远、排挤，并且善于自我掩饰、不愿与他人眼神交流、行为强迫刻板、情绪波动强烈，甚至有自残行为和自杀意念，心理老师们一定要留意，这可能不是单纯的情绪、行为问题，也许来访者是阿斯伯格患者。这部分的来访者一定要转介医疗机构就医诊断，寻求专业帮助。

2.理解问题，三方赋能

处在青春期的阿斯伯格患者们具有一定的自我意识，他们在人际方面的挫败感比儿童期更为强烈，有可能产生自罪自卑、自暴自弃、特立独行，其结果会招致更多的麻烦。所以可以通过心理教育帮助阿斯伯格患者和家长理解该疾病；通过心理咨询鼓励他们在与他人互动中汲取社交技巧，体验挫败，帮助分析社交失败的原因，建立他们的基本自尊与自信，提升心智化水平；通过药物治疗稳定情绪，解除心理危机，保障生命安全。

3.发挥优势，重建自信

患有阿斯伯格综合症的孩子虽可能在数学、音乐、空间技能、工程等方面具备特殊能力，甚可达到"天才"水平，但因社交障碍，使个人才华得不到发展和发挥，经常被边缘化甚至惨遭埋没。家长要多培养和发掘患有阿斯伯格综合症孩子的优势，让他们找到自己的价值，重建自信，结合他们的特长进行职业技能培训，可以促进这类孩子在未来更好地融入社会。

第七节　学校危机干预实践经验

学校危机干预是一种针对学生在校园内遭遇的各种危机事件，如自杀、自残、家庭问题、学业压力等，进行及时、有效的干预措施，以保障学生的身心健康和生命安全。学校危机干预需要有完善的体系，包括预防、评估、

干预和后续跟踪等方面。

在实践中，学校可以通过开设心理健康教育课程、开展心理咨询服务、组织心理辅导活动等方式来预防和减少学生心理危机的发生。心理健康教育面对的对象既有共性的问题，又有个性的问题，因此要将面向全体学生同关注个别差异相结合，遵循学生身心发展规律，保证心理健康教育的实践性和实效性。根据学生的特点和心理发展的规律，以及学生成长过程的需要，在实践中坚持发展、预防为主，矫治为辅的原则。通过为学生建立心理档案，更好地了解学生的心理状况和需求。组织各类心理健康活动，如心理讲座、心理辅导、生涯规划系列活动等，为学生提供更多的心理健康服务和支持。这些活动可以帮助学生了解心理健康知识，增强心理素质，提高心理适应能力。同时，也需要建立快速反应机制，一旦发现学生出现心理危机，能够及时进行干预和处理。

此外，学校还需要加强师资队伍建设，提高教师的心理健康素养和危机干预能力。针对教师开展心理健康教育技能培训，提升教师队伍的心理健康素养。可以邀请专业心理医生或者专家学者来校开展讲座或者培训，帮助教师更好地理解和掌握心理健康教育的方法和技巧。在日常的学生工作例会上，可以通告危机预防要点和心理工作重点，做好危机前的摸排研判、危机中的协同干预，以及危机后的哀伤辅导等工作。

强化"医家校三位一体"合作，加强学校与家长、家长与医生、医生与心理老师的三方沟通和合作，共同关注和支持孩子的心理健康发展。可以定期邀请专业的心理医生进校与心理老师一起组织家长会、家长心育工作坊，帮助家长普及精神卫生常识，让家长了解学校的心理健康教育计划和实施情况，同时也可以听取家长的意见和建议，共同推进心理健康教育工作。

学校危机干预工作的开展需要多方面的支持和配合。只有不断加强组织领导、科学规划、注重实效、面向全体学生和关注个体差异相结合，以预防和发展为原则，才能更好地预防恶性事件的发生，促进学生的心理健康发展。

参考文献

[1] 萨提亚，鲍德温.萨提亚治疗实录[M].章晓云，聂晶，译.北京：世界图书出版公司北京公司，2006：194.

[2] 刘天君，特林克勒.移空技术操作手册 一项本土化心身治疗技术[M].北京：中国中医药出版社，2019：176.

[3] 夏宇欣，吴晓云，刘天君.移空技术小组活动对慢性应激反应的干预效果[J].中国临床心理学杂志，2013（3）：450-454，457.

[4] 刘天君.移空技术操作过程简述[J].心理学进展，2015，5（11）：702-708.

[5] 麦克凯，伍德，布兰特里.辩证行为疗法：掌握正念、改善人际效能、调节情绪和承受痛苦的技巧[M].王鹏飞，李桃，钟菲菲，译.重庆：重庆大学出版社，2018：213.

[6] 袁弘，王蕾.辩证行为疗法与情绪调整[M].重庆：重庆出版社，2007：423.

[7] 格林伯格.情绪聚焦疗法[M].孙俊才，郭本禹，译.重庆：重庆大学出版社，2015：224.

[8] 金圣荣.FBI微情绪心理学 处处占先机的心理策略[M].哈尔滨：黑龙江教育出版社，2017：205.

［9］马彩霞.透过中西文化的差异看中国心理咨询的本土化［J］.聊城大学学报社会科学版，2006（3）：269-270.

［10］孙俊才，高增明，郑信军.情绪聚焦疗法对病理情绪的理解与治疗［J］.心理研究，2014，7（4）：3-8.

［11］张天布.冲突背后的冲突［M］.广东：广东旅游出版社，2020：249.

［12］纳索.俄狄浦斯情结　精神分析最关键的概念［M］.张源，译.北京：中国轻工业出版社，2017：153.

［13］克莱茵，布里顿.俄狄浦斯情结新解　临床案例［M］.林玉华，译.北京：中国轻工业出版社，2017：123.

［14］孟莉.心理咨询师专业发展中的个人成长［J］.陕西师范大学学报（哲学社会科学版），2004，33（2）：117-121.

［15］方莉.心理治疗师枯竭：心理治疗师枯竭的原因及应对办法［J］.中国心理卫生杂志，2003，17（2）：139-141.

［16］蔺桂瑞.心理咨询员的个人成长［J］.中国青年政治学院学报，2002，21（2）：57-60.

［17］林孟平.辅导与心理治疗［M］.北京：商务印书馆，1988：385.

［18］萨夫 J，萨夫 D.客体关系入门　当代精神分析理论（第二版）［M］.邬晓艳，余萍，译.北京/西安：世界图书出版公司，2009：237.

［19］CABANISS D L，CHERRY S，DOUGLAS C J，等.心理动力学个案概念化［M］.孙玲，译.北京：中国轻工业出版社，2022：372.

［20］黄爱国，孙越异.强迫症治疗中的"顺其自然"与"任其自然"［J］.医学与哲学（B），2015，36（4）：77-79.

［21］化振.强迫症的森田神经质性格及相关因素的研究［D/OL］.西安：第四军医大学，2012［2013-01-16］.https://kns.cnki.net/kcms2/article/abstract?v=Xlf5kQqXAOmxDWprkW6jjXEsBmYna0Gak2j2iE-p3UQ3IgM4Fjw_3 p Cp_cuq 1wVkE4Ve9S3dXmeiMKzI-IG_jT6GQOnRwkiRYGtmQ-IhhSNmIpSpksQWGHBn Wk1eCgIcntW6ECCLknC86OhklYqnjUeHwm5_GGN8zqUjn5sJbj0BtYSnONPTMN RySBJ5AI-LvlXYZZekI=&uniplatform=NZKPT&language=CHS.

［22］梁宝勇.精神压力、应对与健康——应激与应对的临床心理学研究
［M］.北京：教育科学出版社，2006：295.

［23］贾文华.青少年情绪困扰的压力与认知根源［J］.教育探索，2006，
（8）：99-100.

［24］雷雳，张雷.青少年心理发展［M］.北京：北京大学出版社，
2006：305.

［25］严久.着眼于学生学习方式的转变——关于研究性学习的若干问题
［J］.全球教育展望，2001，30（2）：9-15，49.

［26］李晓文，王莹.教学策略［M］.北京：高等教育出版社，2000：230.

［27］盛群力，郑淑贞.合作学习设计［M］.杭州：浙江教育出版社，
2006：281.

［28］陈向明.小组合作学习的条件［J］.清华大学教育研究，2003，（4）：
11-16.

［29］陈淑萍，王俊相，宿文传.合作教育［M］.东营：中国石油大学出版
社，2007：193.

［30］ Kabat - Zinn, Jon. Mindfulness - based interventions in context：Past,
present, and future［J］. Clinical Psychology：science and Practice，2003，10（2）：
144-156.

［31］李弯弯，岳鹏，许远理.国内正念训练的应用研究［J］.商丘职业技
术学院学报，2014（6）：28-29.

［32］徐守森，刘淑慧.射击运动正念训练层级递进结构研究［J］.体育文
化导刊，2014（5）：76-79.

［33］黄志剑，苏宁.正念在竞技运动领域的应用——几种主流正念训练
方法综述［J］.中国运动医学杂志，2017，36（8）：740-747.

［34］张忠秋.正念训练在高水平运动员系统科学训练中的应用价值及方
法［J］.中国体育教练员，2017，25（4）：11-12，19.

［35］张忠秋.正念训练对我国优秀运动员竞技心理潜能拓展的价值与应
用方法［J］.中国体育教练员，2017，25（1）：12-14.

［36］钟伯光，姒刚彦，张春青.正念训练在运动竞技领域应用述评［J］.中国运动医学杂志，2013（1）：65-74.

［37］迟毓凯.学生管理的心理学智慧［M］.上海：华东师范大学出版社.2012：237.

［38］哈里斯.ACT就是这么简单　接纳承诺疗法简明实操手册［M］.祝卓宏，译.北京：机械工业出版社，2016：328.

［39］贝克.认知疗法：基础与应用（第二版）［M］.张怡，译.北京：中国轻工业出版社，2013：436.

［40］汉图.焦点解决短期咨询和治疗技术［M］.骆宏，译.重庆：重庆大学出版社，2016：238.

［41］斯塔尔，戈德斯坦.正念生活，减压之道　正念减压工作手册［M］.祝卓宏，张妍，译.南京：江苏美术出版社，2013：209.

［42］怀特.叙事疗法实践地图［M］.李明，曹杏娥，党静雯，译.重庆：重庆大学出版社，2019：270.

［43］麦迪根.叙事疗法［M］.刘建鸿，王锦，译.重庆：重庆大学出版社，2017：250.

［44］川恩.身心合一　最经典的身心灵修行课［M］.李中，译.北京：中国言实出版社，2009：148.

［45］尼克尔斯，戴维斯.家庭治疗［M］.方晓义婚姻家庭治疗课题组，译.北京：北京师范大学出版社，2018：532.

［46］里伟特，斯特里特.家庭治疗100个关键点与技巧［M］.蔺秀云，房超，何婷，译.北京：化学工业出版社，2017：250.

［47］沃特斯.优势教养　发现、培养孩子优势的实用教养方法［M］.闫丛丛，译.北京：中信出版集团，2018：335.

［48］弗里曼，艾普斯顿，莱博维奇.儿童叙事家庭治疗［M］.曾荣，译.重庆：重庆大学出版社，2018：283.

［49］费舍尔.青少年家庭治疗：发展与叙事的方法［M］.姚玉红，魏珊丽，赖杞丰，译.上海：华东师范大学出版社，2017：170.

[50] 傅小兰,张侃.心理健康蓝皮书 中国国民心理健康发展报告(2019—2020)[M].北京:社会科学文献出版社,2021:271.

[51] 广东省中小学心理健康教育指导中心,攸佳宁.广东省中小学心理危机干预手册[M].广州:广东教育出版社.2022:90.

[52] 胡海燕.一例抑郁症学生的心理危机干预案例[J].网友世界(云教育),2014(11):219-220.

[53] 汉图.焦点解决短期咨询和治疗技术[M].骆宏,译.重庆:重庆大学出版社,2016:238.